K, 대외활동 국민기자 천재가 되다

K,
대외활동 국민기자
천재가 되다

ⓒ 윤용, 2025

초판 1쇄 발행 2025년 9월 18일

지은이	윤용
펴낸이	이기봉
편집	좋은땅 편집팀
펴낸곳	도서출판 좋은땅
주소	서울특별시 마포구 양화로12길 26 지월드빌딩 (서교동 395-7)
전화	02)374-8616~7
팩스	02)374-8614
이메일	gworldbook@naver.com
홈페이지	www.g-world.co.kr

ISBN 979-11-388-4709-4 (03370)

- 가격은 뒤표지에 있습니다.
- 이 책은 저작권법에 의하여 보호를 받는 저작물이므로 무단 전재와 복제를 금합니다.
- 파본은 구입하신 서점에서 교환해 드립니다.

현장에서 배우는 국민기자 실전 노하우

K,
대외활동 국민기자
천재가 되다

윤용 지음

좋은땅

일러두기

1. 책에서 사용하는 '행정기관'은 중앙의 행정부처와 지방자치단체를 포괄하는 개념이다.
2. 행정기관이 아닌 공공기관에서 활동하는 기자도 있다. 또한 언론사 시민기자로 활약하는 사례도 있다. 단, 여기서 말하는 국민기자는 행정기관에 한정된다.
3. 본문에서 설명의 편의를 목적으로 가상의 행정기관 2곳(로봇개발청, 에너지자원부)을 등장시켰다. 특정 기관을 소개하는 데서 오는 불필요한 오해를 방지하기 위해서다.

CONTENTS

프롤로그 - 9

1부 대외활동 국민기자

01. 국민을 위한 디지털 커뮤니케이터 - 14
02. 명칭은 달라도 국민이 공통 - 19
03. 자격 제한은 없지만, 조건은 있다 - 24
04. SNS 4대 플랫폼 완전 정복 - 28
05. 나만의 SNS를 어떻게 활용할까 - 33

2부 어디에서 활동할까

01. 활동 무대는 온라인 - 40
02. 기관별 현황 알아보기 - 44
03. 모집 분야, 이렇게 다르다 - 48
04. 모집공고 분석하기 - 53
05. 어디에 소속될까 - 58

3부 이렇게 선발된다

- 01. 선택은 나의 몫 — 66
- 02. 지원 동기도 여러 가지 — 73
- 03. 제출 서류 완벽 가이드 — 78
- 04. 지원서 작성 시 유의 사항 — 84
- 05. 두근두근 서류 통과 — 91
- 06. 슬기로운 면접 준비 — 97
- 07. 오픈채팅방, 이렇게 운용된다 — 103
- 08. 기자단 카페 가입하기 — 109
- 09. 발대식 참석은 필수 — 114
- 10. 첫 행사 참여 후기 — 119

4부 국민기자단 활동 A to Z

1장 · 7단계 프로세스 — 129

2장 · 단계별 주요 내용 — 135
- 01. 기획안 제출, 기획안 작성이 기사의 시작 — 136
- 02. 기획안 검토, 한 번에 통과하는 법 — 145

03. 콘텐츠 제작, 어떻게 시작할까	- 154
04. 콘텐츠 제출, 드디어 마감이다	- 165
05. 콘텐츠 검토, 피드백에 대응하는 방법	- 173
06. 블로그 공식 게재, 세상에 내 이름이 나온다	- 184
07. 활동비 지급, 성과 평가와 인센티브	- 194
3장 · 역량교육과 팸투어	**- 203**
4장 · 해단식, 1년을 마무리하는 시간	**- 209**

5부 생생 조언! 7가지 TIP

01. 글쓰기에 왕도는 없다	- 216
02. 누구나 겪는 소재 고갈, 3가지 극복 방법	- 221
03. 국민의 눈높이에 맞춘 7가지 전략	- 226
04. 너무나도 중요한 저작권	- 231
05. 기자단 활동이 주는 이점	- 236
06. 소통이 핵심이다	- 241
07. 다시 생각하는 국민기자	- 246

에필로그	- 250
취재일지	- 253

프롤로그

《K, 대외활동 국민기자 천재가 되다》를 펴내며

이 책의 제목은 《K, 대외활동 국민기자 천재가 되다》이다. 국민기자란 일반인에게는 비교적 낯선 단어다. 실제로는 '국민정책기자', '국민참여기자', '국민서포터즈', '온라인기자', '시민공감기자', '국민소통단', '국민홍보단', '열린기자단', '시민기자', '구민기자' 등 여러 이름으로 사용된다. 대학생들이 대외활동 경험을 목적으로 주로 참여하지만 대한민국 국민이라면 직장인, 자영업자, 프리랜서 등 누구나 참여할 수 있다. 최근에 보도된 모 행정기관의 다음 기사를 참고해 보면 좀 더 쉽게 이해할 수 있다.

> 일반인으로 구성된 전문가들이 국민 눈높이에 맞춘 홍보활동에 나선다. S청은 정부세종컨벤션센터에서 국민기자단 위촉식을 개최했다.
> 국민기자란 국민의 눈높이에서 주요 정책 및 사업 현장 등을 취재해 S청 SNS에 공유하는 활동가를 말한다. 공공 정책 분야에 관심이 많은 만 19세 이상 국민이라면 누구나 지원할 수 있다.
> 올해 선발된 S청 국민기자단은 주부, 회사원, 학생 등 다양한 직업군 15명으로 구성됐으며 취재 내용을 텍스트기사, 카드뉴스, 영상, 웹툰 등으로 제작해 S청 SNS에 등록할 예정이다.

S청은 특히 이번 기자단 중에 프리랜서 작가, 드론 촬영, 영상편집 전문가 등이 있어 더욱 생동감 넘치는 콘텐츠 홍보활동이 펼쳐질 것으로 기대하고 있다.

한편 S청 기자단에게는 매월 원고료가 지급되며 연간 우수 기자를 선정해 S청장 상장 및 시상금이 지급된다.

국민기자란, 단순한 정보 전달자가 아니다. 국민과 행정 사이의 다리 역할을 하는 존재이다. 행정기관의 정책을 국민에게 알리고, 국민의 시선과 목소리를 기관에 전달한다. 양방향 커뮤니케이터이자 사업 현장의 메신저이다. 글과 사진, 영상 등을 통해 정책의 흐름을 쉽게 풀어 주고, 사람들의 이야기로 정책을 살아 숨 쉬게 만든다.

《K, 대외활동 국민기자 천재가 되다》는 바로 그런 기자에 관한 안내서이자 기록물이다. 더 정확히는 국민기자의 활동과 경험을 생생하게 담아낸 실전 안내서이다. 국민기자단에 관심을 가진 이들을 위한 친절한 동반자가 되고자 기획된 결과물이다.

본문에서는 대외활동에 관심 많은 대학생 K의 이야기를 중심으로 기자단 활동을 설명한다. 초보자인 K가 어떤 과정을 거쳐 성장해 나가는지를 현실감 있게 보여 준다. 이를 통해 기자 활동의 실제적인 운영 방식과 콘텐츠 제작 흐름까지 자연스럽게 이해할 수 있도록 구성했다.

국민기자라는 제도가 어떤 철학과 목표를 지니고 운영되는지, 실제 활동은 어떻게 이루어지는지, 콘텐츠는 어떤 방식으로 생산되는지를 구조적으로 정리했다. 그런 차원에서 《K, 대외활동 국민기자 천재가 되다》는 아마도 국내 최초의 전문 도서일 것이다.

국민기자단에는 대학생과 직장인, 프리랜서 등 다양한 삶의 경로를 가진 사람들이 참여한다. 이 책이 많은 예비 기자와 현장 기자들, 더불어 기자단을 운영·관리하는 행정기관 담당자들에게도 실질적인 도움이 되는 자료가 되기를 희망한다.

《K, 대외활동 국민기자 천재가 되다》는 필자의 직접적인 경험과 수많은 동료 기자와의 생생한 대화를 바탕으로 구성되었다. 현장을 누비며 느꼈던 고민과 배움, 시행착오를 솔직하게 담아내려 했다. 부족한 점도 많겠지만, 국민기자에 관심 있는 이들에게 작은 이정표가 되었으면 한다. 지금도 행정이 일방적 전달이 아닌, 진심 어린 소통으로 이어지기를 바라고 노력하는 모든 국민기자와 정책 홍보 관련 종사자들에게 이 책을 바친다.

2025년 8월의 어느 날
자주 찾는 카페 2층 창가에서
저자

1부

대외활동 국민기자

01. 국민을 위한 디지털 커뮤니케이터
02. 명칭은 달라도 국민이 공통
03. 자격 제한은 없지만, 조건은 있다
04. SNS 4대 플랫폼 완전 정복
05. 나만의 SNS를 어떻게 활용할까

01. 국민을 위한 디지털 커뮤니케이터

"그러니까 작가님이 말씀하시는 국민기자란 게 주로 공공기관에서 활동하는 거네요?"
"맞아요. 특히 K처럼 대외활동에 관심 있는 대학생들이 많죠."
"반드시 대학생이어야만 하나요?"
"꼭 그렇지는 않아요. 누구나 할 수 있어요."

필자는 글쓰기 프리랜서 작가이다. 동시에 몇몇 중앙행정기관 및 지방자치단체(이하 행정기관이라 한다)에서 운영하는 기자단 소속으로 활동한다.

몇 해 전 지인을 통해 행정기관 한 곳의 국민기자단에 지원하게 되었다. 그리고 몇 번의 도전 끝에 합격의 기쁨을 맛보았다. 이후 운이 좋아 지금까지 활동이 계속되고 있다. 처음엔 단순히 글을 쓰는 일이라 생각했지만, 해(年)를 거듭할수록 기자단 참여가 갖는 사회적 의미와 필요성을 체감하게 된다.

얼마 전 지역 독서모임에서 알게 된 대학생 K가 찾아왔다. 현재 휴학 중인 K는 다양한 대외활동을 통해 경력을 쌓고 있다. 그는 기자 활동이 사회와 연결되는 콘텐츠 제작이라는 점에 매력을 느낀다고 말했다. 물론 스펙 쌓기의 필요성도 함께 강조했다. K가 관심을 두는 '국민기자'란 정확히 어떤 존재일까?

오늘날 우리는 급속히 변화하는 환경 속에 살고 있다. 사회적 흐름과 정보의 전달 방식은 과거와 비교할 수 없을 정도로 빠르게 움직인다. 변화의 중심에는 디지털 플랫폼과 SNS(social networking service, 온라인상에서 이용자들이 인적 네트워크를 형성할 수 있게 해 주는 서비스)가 대표적이라고 할 수 있다. 대부분 조직과 집단은 SNS 채널을 운영하며, 이를 통해 정보, 실적, 성과를 실시간으로 공유하고 홍보한다.

행정기관 역시 이러한 흐름에 예외가 아니다. 다양한 정책과 사업을 국민에게 쉽고 정확하게 전달하기 위해 SNS 홍보 역량을 강화한다. 그 핵심 인력 중 하나가 바로 국민기자다.

국민기자단은 행정기관이 추진하는 주요 정책이나 사업, 행사 등을 콘텐츠로 제작하여 국민에게 전달하는 역할을 맡는다. 홍보 대상이 국민이기 때문에, 전달 방식은 딱딱한 보도자료 형식보다는 쉬운 문장, 친근한 표현, 생생한 현장감이 중요하다. 사진, 영상, 카드뉴스 등을 활용해 콘텐츠를 제작한다. 디지털 공간에서 콘텐츠를 통해 정책에 대한 국민의 이해를 돕는다.

예를 들어, 정부가 새롭게 시행하는 복지 정책이 있다고 가정하자.

해당 정책을 국민기자가 취재해 블로그 기사나 카드뉴스로 제작하면, 국민은 공식 보도자료보다 더 친숙하고 실용적인 방식으로 정책을 이해하게 된다. 실제로 대외활동 기자들이 다룬 콘텐츠가 포털사이트에 노출되거나, 기관 공식 SNS의 인기 게시물이 되는 사례도 적지 않다.

***

행정기관의 정책은 수요자인 국민에게 정보가 된다. 정보란 단순한 데이터가 아니다. 관찰과 분석을 통해 수집된 자료를 문제 해결에 도움이 되도록 정리한 지식이다. 국민기자는 정책과 제도를 쉽게 해석하여 대중에게 효과적으로 전달하는 '정보 중개자' 역할을 담당한다. 따라서 정확한 이해와 사전 학습, 해당 정책에 관한 관심과 책임감이 동반된다.

국민기자는 매우 독특한 위치를 갖는다. 정보를 알기 쉽게 제공하는 콘텐츠 생산자이면서 동시에 '독자 대표자'의 입장을 함께 지닌다. 기자이면서 국민이고, 국민이면서 기자이기 때문이다. 전문가와 달리 국민기자는 일반 국민의 시각으로 정책을 바라보고, 그 시각에서 콘텐츠를 해석하고 제작한다. 그래서 국민의 공감과 참여를 끌어낼 생활형 콘텐츠 제작이 가능하다.

국민기자의 최종 목표는 단순한 정보 전달이 아니다. 공감형 콘텐츠를 통해 정책의 긍정적인 이미지를 형성하고, 실제 정책 효과를 증대하는 데 협조한다. 그래서 SNS 정책 홍보의 최전선에서 기관과 국민 사이를 연결하는 디지털 커뮤니케이터라고 볼 수 있다.

수많은 행정기관이 국민기자단을 운영하는 데에는 여러 가지 이유가 있지만, 크게는 다음과 같이 4가지로 정리할 수 있다.

첫째, '국민 시각'의 홍보가 필요하기 때문이다.

전문가의 언어가 아닌, 국민이 이해할 수 있는 언어로 정책을 설명하는 사람이 필요하다. 국민기자는 스스로가 국민의 한 사람으로서, 국민 눈높이에 맞춘 콘텐츠를 제작한다.

둘째, '소통'이 원활해지기 때문이다.

정책에 대한 국민의 오해나 불신은 대개 '정보의 단절'에서 비롯된다. 국민기자는 이해하기 쉬운 콘텐츠를 통해 오해를 줄이고, 신뢰를 형성하는 매개 역할을 맡는다.

셋째, '참여'를 촉진하기 위함이다.

국민기자는 콘텐츠 제작 과정에서 행정기관의 사업을 직간접 경험한다. 그리고 관련된 정책의 의미를 탐색할 기회가 많다. 이러한 과정은 단순한 취재가 아니라 시민 참여의 한 방식이며, 때로는 기관에 의견을 전달하는 '정책 피드백 통로'가 되기도 한다.

넷째, '지지와 확산'을 위해서다.

국민기자는 단순한 취재 인력이 아니다. 정책의 의도와 가치를 국민에게 전달하고, 때로는 함께 응원한다. 이를 통해 행정기관이 추진하는 방향에 대한 사회적 공감대를 만들어 낸다. 이후 활동이 종료되면 국민의 자리로 돌아가 해당 기관에 대한 긍정적 관계를 지속한다.

　이처럼 국민기자는 단순한 '일회성 활동가'가 아니다. 궁극적으로 공공성과 콘텐츠를 결합한 사회적 실천가라고 정의할 수 있다.

02. 명칭은 달라도 국민이 공통

"작가님, 대외활동 국민기자를 부르는 명칭이 따로 있나요?"
"당연하죠. 그런데 행정기관마다 조금씩 달라요. '국민정책기자', '국민소통단', '소셜기자', '온라인기자'처럼 다양한 명칭을 사용하죠."
"명칭이 각기 다른 특별한 이유라도?"
"딱히 정해진 기준이 있는 건 아니고, 기관의 성격이나 업무방식, 조직문화가 반영된 결과라고 보면 돼요."
"저처럼 처음 접하는 사람한테는 꽤 혼란스러울 것 같은데요."
"그럴 수도 있죠. 하지만 활동하다 보면 금방 익숙해져요."

오늘날 행정기관에서 활동하는 국민기자를 지칭하는 이름은 실로 다양하다. 행정기관에 따라 'SNS기자', '소셜기자', '소셜미디어기자', '국민정책기자', '국민참여기자', '국민서포터즈', '온라인기자', '시민공감기자', '국민소통단', '국민홍보단', '열린기자단', '시민기자', '구민기자' 등 여러 호칭을 사용한다.

이는 기관마다 고유한 업무 성격과 조직문화, 홍보 전략이 다르기 때문이다. 중앙부처는 전국 단위 정책을 다루기 때문에 '국민'을 전면에 내세운다. 반면, 지자체는 지역 중심의 활동을 지향하면서 '시민기자'나 '구민기자' 같은 보다 친근한 표현을 선호한다.

명칭이 다르다고 해서 하는 일이 다른 것은 아니다. 주된 역할은 행정기관의 정책이나 사업을 국민 또는 주민에게 전달하는 것이다. 아울러 참여와 공감을 끌어내는 콘텐츠를 제작한다. '홍보활동'이라는 본질적 기능은 동일하다.

국민기자 활동의 핵심은 '소통'이다. 행정기관의 정책 수요자는 대부분 '국민'이다. 정책을 만들고 집행하는 궁극적인 목적은 국민의 삶을 개선하기 위함이다. 그래서 기자는 행정기관과 국민 사이를 연결하는 메신저이자, 콘텐츠 제작자이며, 동시에 소통의 매개체라고 말할 수 있다.

한 지자체가 지역 농산물 직거래장터를 새롭게 운영한다고 했을 때, 그 목적은 단순한 경제 활성화가 아니다. 실제로는 지역 주민의 실질적인 수익 증대, 도시민의 건강한 소비 확대, 지역경제의 순환을 포함한 정책적 목적이 담겨 있다. 국민기자는 이러한 배경과 취지를 국민이 쉽게 이해하고 공감할 수 있도록 재구성한다. 즉, 정책의 기술적 내용을 생활 속 이야기로 번역하는 것이 핵심이다.

과거의 정책 홍보는 일방적인 전달에 가까웠다. 정부가 만들고, 국민에게 기관의 공식 용어로 전달하는 구조였다. 하지만 지금은 다르다. 행정기관은 국민의 참여와 반응을 실시간으로 확인한다. 동시에 이를 정책 개선에 반영하는 피드백 기반의 소통을 지향한다. 이른바 쌍방향 상호작용이다. 이는 현대 국가의 커뮤니케이션 방식의 작동 원리이다. 온라인상에서는 더욱 적극적으로 빈번하게 가동된다. 그래서 딱딱한 문장을 국민의 눈높이에 맞게 설명하는 일이 갈수록 중요해지고 있다. 국민기자가 필요한 이유도 여기에 있다.

***

필자가 국민기자로 활동을 처음 시작했을 때, 어느 중앙부처 기관장이 오리엔테이션 자리에서 해 주신 말씀이 아직도 기억에 생생하다.

지금까지 제가 말씀드렸던 것처럼 저희 부처가 국민기자단을 매년 운영하는 이유는 한마디로 정책 홍보를 위해서입니다. 즉 고객인 국민의 머릿속에 부처의 정책이나 사업이 잘 전달되도록, 모든 행정부처는 반드시 자신의 활동이나 성과를 널리 알려야 합니다.
따라서 정책발굴과 실적만큼이나 '홍보'는 조직의 생존을 위해서 꼭 필요하고, 원하는 성과를 얻기 위해서는 국민과의 '소통'이 반드시 뒤따라야 합니다. 이를 위해 각종 토론회나 이벤트를 통해 국민의 적극적인 '참여'를 유도하기도 합니다. 이는 모든 행정기관의 숙명이자 특성입니다.
왜냐하면, 수요자인 국민의 욕구를 제대로 파악해야 생활 현장에서 정책의 효과성을 높일 수 있고, 이를 통해 삶의 질이 향상될 수 있기 때문입니다. 또 그래야 해당 부처의 지속적인 성장과 발전이 가능해집니다.

이처럼 정부의 정책 홍보, 국민과의 소통, 수요자의 참여를 유도하기 위하여, 여러 행정기관이 여러분과 같은 유능한 기자단을 선발하고 있습니다.

그래서 저희 직원 모두가 오늘 참석하신 국민기자단 분들에게 거는 기대도 적지 않습니다.

앞으로 1년간 적극적인 활동을 통해 우리 부처가 추진하는 다양한 정책과 사업을 널리 전파하여 주시기를 바랍니다. 감사합니다.

당시 필자는 홍보의 진짜 의미를 새롭게 생각하게 되었다. 홍보는 단지 행정기관의 실적을 알리는 것에 국한되지 않는다. 국민이 알아야 할 정보를 효과적으로 전달해야 한다. 궁극적으로 정책에 대한 사회적 지지와 신뢰를 형성하는 일이라는 걸 깨달았다.

행정기관의 홍보는 일반 기업의 마케팅과 다르다. 기업 홍보는 이윤을 목적으로 한다. 상품이나 서비스를 판매하기 위해 소비자의 관심을 끈다. 그리고 구매를 유도하는 전략을 사용한다. 이윤 창출이 기업의 생존전략이기 때문이다.

그러나 행정기관은 국민의 세금으로 운영되는 공공 조직이다. 그래서 목표를 공공의 이익 실현에 둔다. 홍보의 목적도 '판매'가 아니라, 정책에 대한 국민의 이해와 참여를 유도하는 것이다. 정책은 국민의 요구와 삶의 현실이 투영된 산물이다. 정책이 어떻게 실현되고 있는지를 설명하고 공감받는 과정이 행정기관 홍보의 본질이다.

국민기자는 콘텐츠 생산자이자 해석자이며, 커뮤니케이터이자 조력자이다. 행정기관의 정책이 단순한 문서가 아닌 국민의 일상 속 이야기로 전달되도록 실천하는 활동가다. 그들은 국민의 시선에서 정책을 바라보고, 국민의 마음에 가장 잘 닿는 언어로 기록한다.

이런 점에서 국민기자는 국민과 행정기관 사이에서, 말과 마음을 이어 주는 다리(bridge)라고 할 수 있다.

03. 자격 제한은 없지만, 조건은 있다

"기자는 누구나 할 수 있다고 말씀하셨잖아요?"
"국민이라면 누구나 지원할 수 있죠."
"대학생이 유리하다고 들었던 것 같은데요."
"일부에서는 대학생으로 지원 자격을 제한하기도 해요. 하지만 대부분 행정기관은 선발 기준을 따로 두지 않아요."
"정말로요?"
"그렇다니까요."
"그래도 관심이 있으면 아무래도 낫겠죠?"
"빙고! 지원하고자 하는 행정기관이 어떤 일을 하는지 알고 있으면 유리하죠."
"작가님! 그런데 저는 딱히 생각해 둔 행정기관이 없는데요."
"그래서 저를 찾아온 것 아닌가요? 하하하."

기자 선발 기준은 크게 2가지로 나뉜다. 학력 등 자격 제한이 있거나 특별한 조건 없이 누구나 지원할 수 있는 경우이다.

학력 제한은 대표적으로 대학생 또는 대학원생만 지원할 수 있다. 이는 보통 청년층 대상 정책 홍보나 대학생 서포터즈 활동에 해당한다.

반면, 제한이 없는 경우는 나이, 직업, 학력과 관계없이 누구나 참여할 수 있는 방식이다. 일반 시민, 직장인, 프리랜서, 자영업자, 주부 등 다양한 사람들이 국민기자로 활동할 수 있다. 심지어 중학생 또는 고등학생도 지원할 수 있다. 필자도 취재 현장에서 중고등 학생기자와 함께한 경험이 있다. 물론 '누구나'라고는 했지만 적어도 해당 부처의 사업이나 정책에 관심이 있으면 유리하다.

하지만 지원한다고 해서, 아무나 뽑히는 것은 아니다. 지원자에게는 기본적으로 해당 기관의 성격과 활동에 대한 관심, 그리고 일정 수준의 콘텐츠 제작 능력이 요구된다.

***

필자는 K에게 현재 모집 중인 행정기관 몇 곳을 알려 주었다. 자격 제한이 있는 곳과, 없는 곳을 함께 보여 주었다. 그중 필자가 경험한 두세 개 행정기관을 소개해 주었다. 그리고 '국민 누구나 지원할 수 있다'라는 말에 안심하지 말 것을 당부했다. 아울러 선발 과정의 경쟁과 기준을 반드시 고려해야 한다고 강조했다. K처럼 상담이 필요한 경우, 친절한 조언이 유익할 때도 있다. 하지만 지금은 현실적인 정보가 가장 중요하다. 실제로 대부분 행정기관은 기자로서 활동 역량을 갖춘 사람을 선발하고자 노력한다.

예를 들어, 글쓰기 실력, 사진 촬영 능력, 블로그 등 SNS 운영 경험, 관심도, 과거 활동 사례 등이 평가 항목이 된다. 따라서 본인이 주목하는 기관이 있다면, 사전에 선발 기준과 평가 요소를 잘 파악해야 한다. 자신이 가진 강점을 어떻게 드러낼지 전략적으로 준비하는 것이 좋다. K처럼 관심 있는 행정기관이 없다면 이제부터라도 시작하면 된다.

필자는 방산업체 근무 경력으로 국방, 방산, 병역 관련 정책 분야에 관심이 많았다. 대학생이라면 전공과 적성을 고려해 선택하면 바람직하다. 일반인이라면 자신의 직업과 취미를 기반으로 접근하면 도움이 된다.

"작가님, 지원 절차가 정형화되어 있나요?"
"한마디로 말하긴 어려워요. 기관마다 운영 방식이 조금씩 다르거든요."
"그래도 일반적인 기준은 있겠죠?"
"통상적으로 보면 1차는 서류심사, 2차는 면접으로 나눠서 진행하는 경우가 많죠."
"1차, 2차라… 생각보다 만만치 않군요."
"꼭 그렇지만은 않아요. 기관 여건에 따라 서류심사만으로 선발하기도 하거든요."
"경쟁률은 어떤가요?"

"미달하는 경우는 거의 없는 것 같아요. '엄청나게 과열된 경쟁'은 아니지만, 그렇다고 마냥 쉽다고도 할 수 없어요."

필자 주변에는 K처럼 대외활동에 관심 있는 사람들이 제법 있다. 대학생뿐만 아니라, 직장인, 프리랜서, 전업주부, 퇴직자 등 연령대와 성별 그리고 직업과 배경 등도 매우 다채롭다. 자신의 관심 분야에서 왕성한 활동을 펼치는 이들도 많다.

실제로 함께 활동 중인 기자 중에는 20대 대학생도 있지만, 50대 이상 중장년층도 종종 볼 수 있다. 각자의 경험과 시선으로 정책을 바라보고 콘텐츠를 만든다. 그만큼 기자단은 다양한 국민이 섞여 움직이는 열린 플랫폼이라 할 수 있다.

'누구나 지원할 수 있다'라는 말 속에는, 바로 그런 열린 참여의 가능성이 담겨 있다. 더불어 '관심 있는 사람만이 기회를 얻을 수 있다'라는 또렷한 조건의 메시지도 같이 들어 있다.

04. SNS 4대 플랫폼 완전 정복

　SNS는 인터넷을 기반으로 사람들이 자유롭게 소통하고 정보를 주고받는 플랫폼이다. 행정기관은 이런 채널을 활용하여 정책을 홍보하고 국민과 소통한다. 블로그, 인스타그램, 페이스북, 유튜브 등이 대표적이다. 각 플랫폼은 성격과 활용 방식이 서로 다르다. 행정기관은 각기 다른 특성을 가진 온라인 채널을 통해 정책, 사업, 행사 정보를 게시하고, 사진·동영상 등의 다양한 콘텐츠를 공유한다.

　이뿐만 아니라 방문자와 친구 관계를 맺거나 팔로워를 확보하고 댓글, 반응, 공유 등을 통해 실시간 소통을 진행한다. 이렇게 형성된 네트워크를 통해 국민들은 행정기관의 최신 소식을 빠르게 접하게 된다. 동시에 관련된 관심사를 공유하며, 새로운 사회적 연결망을 만들어 간다. 온라인 소통은 인터넷과 모바일 기술의 급속한 발전에 힘입어 지금 순간에도 빠르게 진화하고, 영향력 또한 나날이 커지고 있다.

　국민기자단이 생산한 콘텐츠도 블로그, 인스타그램, 페이스북, 유튜브 등 네 개의 SNS 플랫폼을 중심으로 유통되고 공유된다. 그래서 국민기자단 활동을 희망하는 사람이라면 플랫폼별 특성을 이해하고, 기본적인 활용 역량을 갖추는 것이 중요하다.

"행정부처나 지방정부에서 운영하는 SNS는 4개밖에 없나요?"
"그렇지 않아요. 다른 형식의 플랫폼이 존재하긴 하지만, 블로그, 인스타그램, 페이스북, 유튜브가 가장 핵심적인 채널이라고 볼 수 있죠."
"어디서 확인할 수 있나요?"
"간단해요. 포털사이트에 해당 기관 이름만 입력해도 홈페이지와 함께 SNS 채널 주소를 바로 확인할 수 있어요."
"하나만 운영해도 될 텐데, 굳이 네 개씩이나 채널을 운영하는 이유가 뭔가요?"
"채널마다 국민과 소통하는 방식과 특성이 다르기 때문이죠."
"방식과 특성이 다르다, 어떻게요?"
"설명해 줄 테니 잘 들어 봐요."

블로그(Blog)

블로그는 사용자가 자신의 의견, 경험, 정보 등을 텍스트 중심으로 정리해 발행하는 콘텐츠 플랫폼이다. 운영자의 관점과 감성이 글에 자연스럽게 녹아들 수 있어 개인적이고 서사적인 콘텐츠를 담기에 적절하다.

행정기관이 운영하는 블로그 역시 그 특성을 살려 정책 이야기, 인터뷰, 현장 방문기, 관련 정보 등이 다양한 형식으로 구성된다.

각종 정책과 사업이 주제별로 정리돼 있어 정보 접근성이 높고, 기록 보존에도 유리하다. 방문자들은 댓글, 공감, 공유 기능 등을 통해 소통에 참여할 수 있고, 콘텐츠에 대한 피드백도 빠르게 이뤄진다. 블로그는 다른 SNS보다 상대적으로 심층적이고 상세한 내용 전달이 가능해 정책의 맥락을 자세히 소개하는 데 강점이 있다.

또한, 블로그는 타인의 피드백을 받아 볼 수 있는 '이웃 맺기' 기능 등을 통해 커뮤니티를 형성할 수 있다. 그래서 블로그를 중심으로 활동하는 국민기자를 '블로그기자'라고 부르기도 한다. SNS 중 가장 대중성과 확장성이 높은 채널로, 국민기자단 콘텐츠의 주요 유통 창구로 활용된다.

인스타그램(Instagram)

인스타그램은 이미지 중심의 SNS 플랫폼이다. 시각적 요소를 앞세워 정보를 전달하는 데 탁월한 효과를 발휘한다. '인스타'라는 줄임말로 더 많이 불리는 플랫폼으로 사진과 짧은 영상 중심의 콘텐츠 제작과 공유에 특화돼 있다.

행정기관은 인스타를 통해 정책이나 지역 명소, 행사 등을 감각적인 이미지와 짧은 영상으로 소개한다. 시청각적 요소를 통해 국민의 관심을 끌어내기 위함이다. 특히 '스토리' 기능은 실시간 생중계와 같은 현장감을 부여하며, 편집 기능과 필터를 활용해 콘텐츠의 완성도를 높여 준다.

　인스타그램의 또 다른 특징은 해시태그(#)를 통한 주제별 검색과 공유 확장이다. 이는 특정 정책이나 지역 브랜드를 키워드화해 널리 확산하는 데 유용하다. 젊은 층의 이용률이 높고, 유행과 감성에 민감해 정책의 '감성적 이미지' 전달에 강점이 있다.

페이스북(Facebook)

　페이스북은 다양한 형식의 콘텐츠를 포스팅하고 사용자 간의 소통을 장려하는 SNS 채널이다. 텍스트, 이미지, 동영상 등 복합형 콘텐츠 게시가 가능하며, 타임라인을 통한 최신 정보가 누적된다.

　행정기관은 주로 정책 설명, 카드뉴스, 인터뷰 요약 등을 콘텐츠로 구성해 게시한다. 아울러 '좋아요', '공유', '댓글', 감정 반응(하하, 슬퍼요, 화나요 등)을 통해 정책에 대한 대중의 반응을 실시간으로 확인한다.

　페이스북은 친구 관계 기반의 네트워크 형성 기능을 갖추고 있다. 팔로워와의 지속적인 교류가 가능하고, 콘텐츠가 자연스럽게 타인의 뉴스피드에 노출되기도 한다. 중장년층 정책 수요자와 연결하기 좋은 창구로 평가받는다.

유튜브(YouTube)

　유튜브는 동영상 콘텐츠에 특화된 세계 최대의 영상 플랫폼이다. 정보 전달뿐 아니라 엔터테인먼트 요소를 겸비한 콘텐츠 제작이 가능하다.

행정기관은 정책이나 사업을 설명하는 정책 브리핑 영상, 기관장 인터뷰, 행사 스케치 영상, 캠페인 콘텐츠 등을 유튜브에 업로드한다.

최근에는 숏폼 콘텐츠(쇼츠)의 인기가 높아지면서 젊은 세대와의 소통 접점을 넓히는 전략으로도 활용되고 있다. 홍보 영상에 셀럽이나 크리에이터를 활용하는 사례도 많아져, 기관의 인지도를 자연스럽게 높이는 효과를 기대할 수 있다.

유튜브는 '구독' 기능과 '알림 설정'을 통해 구독자가 새로운 영상을 빠르게 접할 수 있게 해 주며, 댓글을 통해 시청자와의 소통도 활발하다. 국민기자가 영상 콘텐츠 제작에 능하다면, 유튜브는 가장 효과적인 영향력 확산의 도구가 될 수 있다.

05. 나만의 SNS를 어떻게 활용할까

 행정기관이 운영하는 SNS 채널은 기관의 특성과 목적에 따라 다양한 방식으로 구성된다. 일반적으로는 블로그, 인스타그램, 페이스북, 유튜브가 핵심 플랫폼으로 활용되지만, 트위터, 네이버 포스트, 네이버TV, 카카오스토리, 브런치 등 추가 채널을 운영하는 기관도 있다.

 이와 반대로 예산이나 인력 등의 사정으로 인해 2~3개 채널만 집중적으로 운영하는 곳도 있다. 무슨 통일된 원칙이나 일관된 기준이 있는 게 아니라, 행정기관 홍보에 가장 적합한 방식을 선택해 활용한다. 즉 모든 기관에 일괄적으로 적용되는 통합 규정은 없다. 결국 어떤 채널을 얼마나, 어떻게 운영할 것인지는 기관의 전략과 운영 역량에 따라 달라진다.

 모든 SNS는 서로 다른 강점과 기능을 가지고 있다. 행정기관은 이들 플랫폼을 선별하거나 상호보완적으로 활용해 국민과 다양한 소통 채널을 운영한다. 따라서 기자로 활동하고자 한다면 각 채널의 특성과 운영 방식, 콘텐츠 유형을 먼저 이해해야 한다. 이후 자신이 잘할 수 있는 영역에서 콘텐츠를 기획·제작하는 감각을 기르는 것이 중요하다. 그래서 개인 SNS 계정을 갖추고 있거나 운영 경험이 있다면 기자단 지원에서도 분명한 강점이 될 수 있다. 초보자라면 지금 당장 자신의 계정을 만들어 시작해 보자.

"K는 어떤 SNS 계정이 있나요?"
"있기는 하지만 거의 운영하고 있지는 않는데요."
"지금이라도 다시 시작하세요."
"기관의 SNS 채널을 활용하면 되지 않나요?"
"저도 처음엔 그렇게 생각했어요."
"그런데 왜죠? 굳이 지원자 계정이 필요한 이유는 뭔가요?"

기자단이 생산하는 콘텐츠는 일반적으로 행정기관의 공식 SNS에 게재된다. 하지만 반드시 그렇다는 것은 아니다. 각 기관은 자율적으로 홍보 방식과 콘텐츠 게재 원칙을 정한다. 기자가 취재를 통해 제작한 콘텐츠 역시 이에 따라 운영된다. 국민기자가 작성한 콘텐츠가 게재되는 방식은 다음의 3가지 유형으로 구분된다.

기관 공식 SNS 채널 게재

가장 일반적인 형태이다. 기자가 작성한 기사나 콘텐츠는 매월 정해진 분량만큼 기관 공식 SNS에 업로드된다. 콘텐츠 맨 하단에는 기자의 이름, 사진, 소속 등이 포함된 이름표(name tag)가 함께 삽입될 수 있다.

이런 경우에는 기관의 브랜드 및 이미지와 운영 방향이 우선되기 때문에, 기사 톤이나 형식은 다소 공적이고 형식적인 면이 반영된다. 기자의 개성보다는 기관의 메시지를 효과적으로 전달하는 구조와 표현 방식이 앞선다.

기자 개인 SNS 채널 게재

기자가 개인적으로 운영하는 블로그, 인스타그램, 페이스북 등에 콘텐츠를 게재하는 방식이다. 이때 기관에서 지정한 형식에 따라 기자 신분을 명시하는 이름표나 해시태그 사용을 요구하는 기관이 있는가 하면, 그렇지 않은 조직도 있다.

콘텐츠 구성 스타일은 비교적 자유롭다. 그래서 기자의 경험과 감성, 표현 방식이 살아 있는 작품들이 많다. SNS에 친숙한 젊은 세대 기자에게 선호되며, 팔로워나 방문자 수가 많은 경우 더욱 영향력 있는 홍보 채널이 될 수 있다.

기관과 기자 개인 SNS 양쪽 모두 게재

콘텐츠 원문은 기관의 공식 채널에 게시되고, 기자 개인의 SNS에는 해당 콘텐츠의 링크(URL)를 공유하는 형식이다. 개인 채널에는 링크와 함께 간단한 소개 문장이나 짧은 소감을 추가해 게시할 수 있다. 이 방식은 기관 차원에서 공식성과 일관성을 유지하면서도, 기자의 네트워크를 통한 확산 효과까지 기대할 수 있다.

   이러한 구조 때문에 개인의 SNS 활동이 필요하다. 단순히 SNS 계정을 보유하고 있다는 것을 넘어서, 어떻게 운영해 왔고, 어떤 콘텐츠를 만들어 왔는지가 지원자의 경쟁력으로 직결되기도 한다. 그렇다고 인플루언서처럼 화려하거나 기교적일 필요는 없다. 소박하더라도 꾸준한 관리가 중요하다. 국민기자는 기업을 홍보하는 게 아니라, 일상과 관련된 공공의 정책을 알리는 사람이기 때문이다.
   지속적인 운용 관리가 물론 쉬운 일은 아니다. 그래도 기자를 희망한다면, 지금부터라도 개인 SNS 채널을 개설하고 운영 경험을 쌓아 보는 것이 도움이 된다. 일상 속 콘텐츠를 기록하는 습관이 향후 기자단 활동에서 콘텐츠 기획과 운영 능력으로 이어진다.

***

   행정기관은 다양한 SNS 채널을 통해 국민과 실시간으로 소통하고자 노력한다. 국민기자는 그러한 정책 소통의 가장 중요한 전달자이자 실천자이다. 기자의 '무대'는 기관의 채널일 수도 있고, 스스로 만들어 가는 개인 공간일 수도 있다. 어느 쪽이든, 진정성 있고 설득력 있는 콘텐츠가 핵심이다.

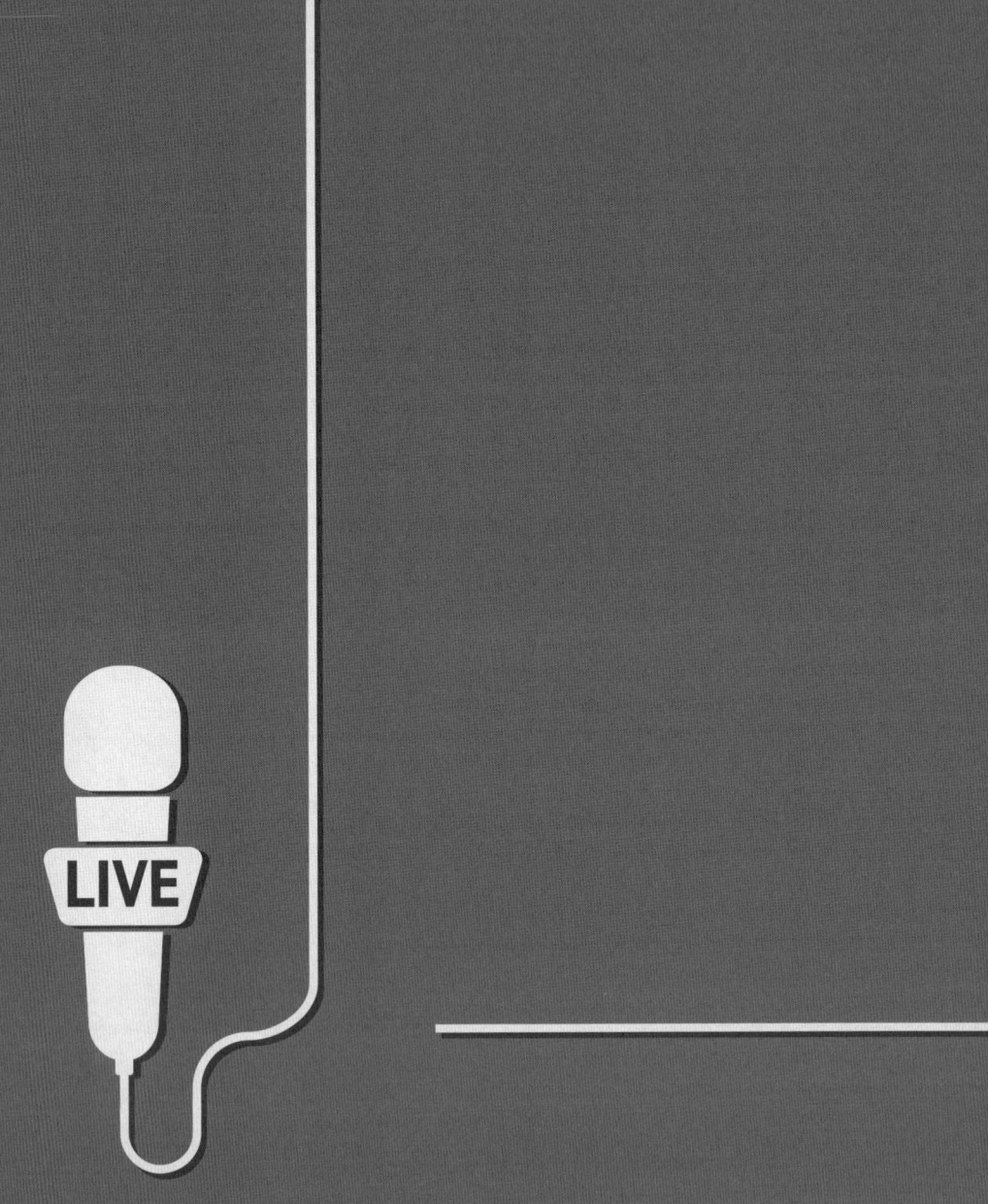

2부

어디에서 활동할까

01. 활동 무대는 온라인
02. 기관별 현황 알아보기
03. 모집 분야, 이렇게 다르다
04. 모집공고 분석하기
05. 어디에 소속될까

01. 활동 무대는 온라인

"작가님, 모든 기관이 매년 기자단을 선발하나요?"

"대체로 그렇다고 봐야죠."

"정책들을 홍보할 목적으로요?"

"그럼요! 아무리 좋은 제도라 할지라도 국민에게 널리 전파되지 않으면, 그게 무슨 의미가 있겠어요?"

"그건 그렇죠."

"무슨 사업이든지 국민에게 잘 전달되어야 그 정책이 제대로 힘을 받잖아요."

행정기관은 정기적으로 기자를 모집한다. 심지어 해당 기관의 소속 단체나 산하 조직도 국민기자단을 운영한다. 이들 역시 조직의 주요 정책과 사업, 활동 성과를 수요자인 국민의 눈높이에서 효과적으로 전달하기 위해서다.

아무리 정교하게 설계된 정책이라도 국민적 공감과 참여가 뒷받침되지 않으면 성공하기 어렵다. 그래서 국민기자가 필요하다. 국민기자단이 생성하는 온라인 콘텐츠는 접근성과 확산력이 비교적 뛰어나다. 국민과의 효과적인 소통 수단으로 꾸준히 주목받고 있는 까닭이다.

수많은 행정기관이 국민기자단을 운영하지만 기관마다 선발 시기, 방식, 규모는 달라 사전에 공지사항을 꼼꼼히 확인할 필요가 있다.

국민기자의 주된 활동 영역은 크게 행정부처와 지방자치단체(지자체)로 구분할 수 있다. 먼저 중앙의 행정부처를 보자. 주요 행정부처는 2025년 상반기 기준으로 19부(部), 3처(處), 20청(廳) 등으로 구성(출처: 정부24, https://www.gov.kr/portal/orgInfo)되어 있다. 대다수의 기관이 기자단과 함께 홍보 채널을 운영한다.

19부

기획재정부, 교육부, 과학기술정보통신부, 외교부, 통일부, 법무부, 국방부, 행정안전부, 국가보훈부, 문화체육관광부, 농림축산식품부, 산업통상자원부, 보건복지부, 환경부, 고용노동부, 여성가족부, 국토교통부, 해양수산부, 중소벤처기업부

3처

인사혁신처, 법제처, 식품의약품안전처

20청

국세청, 관세청, 조달청, 통계청, 우주항공청, 재외동포청, 검찰청, 병

무청, 방위사업청, 경찰청, 소방청, 국가유산청, 농촌진흥청, 산림청, 특허청, 질병관리청, 기상청, 행정중심복합도시건설청, 새만금개발청, 해양경찰청

기타 위원회

공정거래위원회, 국민권익위원회, 금융위원회, 개인정보보호위원회, 원자력안전위원회 등

"지자체 기자단도 홍보가 목적인가요?"
"물론이죠."
"행정부처와 구별되는 특징은 뭐가 있을까요?"
"자신의 지역을 알리는 데 가장 관심이 많죠."
"그렇다면 지역 행사나 명소, 축제 등이 대표적이겠군요."
"맞아요. 또한 역사적 장소나 인물, 사건도 해당이 되죠."

지자체는 중앙부처보다 훨씬 다양한 형태로 분포한다. 행정구역상 우리나라는 '광역단위 > 기초단위'의 2단계 자치 체계와 '읍/면/동'의 행정단위까지 포함한 3단계 행정체계를 갖추고 있다. 이 중에서 실제로 기자단을 운영하거나 홍보 콘텐츠를 제작하는 단위는 광역자치단체(특별시, 광역시, 도 등)와 기초자치단체(시, 군, 구)다.

전국의 지자체들은 지역의 특색과 자원을 효과적으로 알리기 위해

기자단을 구성하고, 이를 통해 정책과 소식을 전달한다. 특히 지역 주민과 밀접한 소통이 중요한 지방 행정 특성상, 기자의 역할은 단순한 홍보를 넘어 '참여형 행정 커뮤니케이터'로 확대되는 추세다. 2025년 상반기 기준으로, 대한민국의 자치단체는 다음과 같다(출처: 정부24, https://www.gov.kr/portal/orgInfo).

광역자치단체(총 17개)

- 특별시(1): 서울특별시
- 광역시(6): 부산, 인천, 대구, 대전, 광주, 울산
- 특별자치시(1): 세종특별자치시
- 도(6): 경기도, 충청북도, 충청남도, 전라남도, 경상북도, 경상남도
- 특별자치도(3): 제주특별자치도, 전북특별자치도, 강원특별자치도

기초자치단체(총 226개)

- 시(75개): 경기도(28), 강원도(7), 충청북도(3), 충청남도(8), 전라북도(6), 전라남도(5), 경상북도(10), 경상남도(8)
- 군(82개): 경기도(3), 강원도(11), 충청북도(8), 충청남도(7), 전라북도(8), 전라남도(17), 경상북도(13), 경상남도(10), 부산(1), 대구(1), 인천(2), 울산(1)
- 구(69개): 서울(25), 부산(15), 대구(7), 인천(8), 광주(5), 대전(5), 울산(4)

02. 기관별 현황 알아보기

　행정부처와 지자체의 현황을 제대로 이해해야, 어떤 행정기관의 국민기자단에 지원할지를 판단할 수 있다. 앞서 살펴본 것처럼, 우리나라에는 다양한 성격과 역할을 가진 수많은 행정기관이 존재한다.

　그리고 이들 기관의 대부분은 기자단 형태의 홍보활동을 운영하고 있다. 중요한 점은 기자단 활동이 단지 기관의 정책을 전달하는 데 그치지 않고, 국민 개개인의 일상과도 직·간접적으로 연결된다는 사실이다. 복지, 환경, 노동, 기후, 교육, 과학기술, 안전 등 대부분의 행정 영역이 우리의 삶과 맞닿아 있다. 그렇기에 국민기자로 활동하고자 한다면, 해당 기관이 담당하는 정책 영역과 특징을 사전에 파악한 뒤 자신이 관심 있는 기관을 선택하는 것이 바람직하다.

＊＊＊

　지금은 정보가 부족한 시대가 아니다. 오히려 넘쳐나는 정보를 어떻게 선별하고 활용하느냐가 관건이다. 인터넷 검색만으로도 상당량의 기자단 운영 정보와 지난 모집 사례를 확인할 수 있다. 행정기관별 기자단 운영 현황은 다음과 같다. 좀 더 자세한 사항은 기관의 홈페이지를 방문해 확인해 보자. 단순히 남이 정리해 놓은 자료를 소비하기보다는, 본인이 직접 찾아보고 정리해 보는 과정을 거쳐야 기억에도 오래 남고 나름의 의미도 생긴다.

행정부처

구분	명칭	구분	명칭
기획재정부	소셜미디어 기자단	국세청	국민정책기자단
교육부	누리울림 서포터즈	관세청	C-STAR 정책기자단
과학기술정보통신부	정책서포터즈	조달청	소셜기자단
외교부	모파랑	통계청	대학생기자단
통일부	청년기자단	재외동포청	서포터즈
법무부	국민기자단	검찰청	Pro_to_u 기자단
국방부	M프렌즈	병무청	청춘예찬기자단
행정안전부	소셜기자단	방위사업청	팔방미인 서포터즈
국가보훈부	온라인서포터즈	경찰청	정책기자단
문화체육관광부	정책기자단	소방청	119정책기자단
농림축산식품부	정책기자단	국가유산청	대학생기자단
산업통상자원부	국민모티베이터	농촌진흥청	SNS기자단
보건복지부	따스아리기자단	산림청	SNS기자단
환경부	소셜기자단	특허청	지식재산 정책기자단
고용노동부	정책기자단	질병관리청	국민소통단
여성가족부	정책기자단	기상청	국민정책기자단
국토교통부	정책기자단	행정중심복합청	정책기자단

해양수산부	해리포터기자단	새만금개발청	정책기자단
중소벤처기업부	국민서포터즈	해양경찰청	국민기자단
인사혁신처	사람나래기자단	공정거래위원회	국민소통단
법제처	블로그기자단	국민권익위원회	정책기자단 청백리포터
식품의약품 안전처	누리소통기자단	금융위원회	서포터즈
국가인권위원회	별별기자단	개인정보 보호위원회	대학생기자단
방송통신위원회	국민정책기자단	원자력 안전위원회	국민참여단

- 최근 5년간 모집 실적 기준. 2025년 신설된 우주항공청은 제외

지자체(광역자치단체 기준)

구분	명칭	구분	명칭
서울특별시	서울시민기자	경기도	경기도민 기자단
부산광역시	시민기자단 뉴미디어멤버스	강원특별자치도	SNS기자단
인천광역시	블로그기자단	충청북도	누리소통망 서포터즈
대구광역시	소셜미디어 시민기자단	충청남도	도민리포터
대전광역시	소셜미디어 기자단	전북특별자치도	블로그기자단
광주광역시	소셜기자단	전라남도	SNS 서포터즈단
울산광역시	블로그기자단	경상북도	SNS서포터즈
세종특별자치시	블로그기자단	경상남도	온라인 홍보명예기자단
-	-	제주특별자치도	도민기자단

대부분 분야에서 경험은 중요한 자산이다. 기자단 활동 역시 예외가

될 수 없다. 예를 들어 중소벤처기업부의 '국민서포터즈'는 중소기업 정책에 대한 이해가 있거나 창업·소상공인 관련 경험이 있는 이들이 활동에 유리하다. 마찬가지로 기상청의 '국민정책기자단'은 기후변화와 기상 정책에 관한 관심과 기본 지식을 가진 이들이 흥미를 보일 가능성이 높다.

반면에 지자체의 경우는 지역에 대한 이해도가 중요하다. 그래서 지역의 역사나 명소, 축제 등 지역 콘텐츠에 대한 지식은 큰 강점이다. 특히 해당 지역에 거주 중이거나 연고가 있는 경우, 현장 접근성이나 취재 효율 면에서도 유리하다. 여기에 본인의 호기심과 탐구심이 더해진다면, 금상첨화다.

그러나 가장 중요한 요소는 바로 '열정'이다. 세부적인 내용은 활동을 통해 하나씩 풀어 나가도 늦지 않다. 필자 역시 국민기자단 활동을 시작했을 때, 이렇다 할 경험은 없었다. 다만 "꼭 해 보고 싶다"라는 간절한 마음과 참여 의지가 있었을 뿐이다.

기자단 활동은 생각보다 긴 여정이다. 중도에 활동을 포기하는 사례도 종종 발생하는데, 이유 대부분은 '초기 열정의 식음'에 있다. 경험이나 전공, 호기심은 시작의 발판일 뿐이다. 끝까지 완주할 힘은 오롯이 '열정'에서 나온다. 실제로도 최근에는 과거의 경력이나 스펙보다는 활동에 대한 태도와 진정성을 더 높이 평가하는 기관이 늘고 있다. 따라서 자신만의 열정과 의지가 있다면, 그 마음 하나만으로도 도전은 충분하다.

03. 모집 분야, 이렇게 다르다

 대외활동 기자는 정책 전달에 필요한 콘텐츠를 기준으로 크게 5가지 분야로 구분할 수 있다. 행정기관의 상황에 따라 다소 차이는 있지만, 대체로 텍스트, 사진, 웹툰, 영상, 카드뉴스 등으로 나뉜다. 분야별로 주요 내용을 살펴보자.

텍스트기자
 가장 널리 모집되는 분야로, 국민기자단 활동의 핵심 역할을 맡는다. 행정기관의 정책, 제도, 사업, 관광지 등 다양한 주제를 발굴하여 취재하고 이를 글로 풀어낸다. 흔히 '펜기자'라고도 불리며, 가장 중요한 역량은 바로 '글쓰기 능력'이다. 명확한 문장 구성력, 사실 기반의 정보 전달력, 그리고 독자의 흥미를 유도하는 표현력은 텍스트기자의 필수 자질이다. 단순히 글을 잘 쓰는 것을 넘어, 독자가 이해하기 쉬운 구조로 정책 정보를 정리하고 해석하는 능력이 필요하다. 또한 기사 주제에 대한 배경 조사, 관련 법령이나 자료 분석 등 취재 전 단계의 준비도 중요하다.

여러 의견을 참고해 객관적이고 균형 잡힌 시각을 유지해야 한다. 인터뷰 기사나 문답형 기사, 에세이형 콘텐츠 등 양식에 맞게 기사를 작성하는 유연성도 필요하다. 현장감 있는 글쓰기, 정확한 정보 전달, 그리고 국민이 궁금해할 법한 내용을 선별해 취재하는 감각이 뛰어난 이들에게 잘 맞는 분야다.

사진기자

사진은 '보이는 기사'라 불릴 만큼, 콘텐츠 전달에서 중요한 시각적 매체다. 사진기자는 주요 정책 현장, 행사, 축제, 명소 등을 직접 방문해 핵심 장면을 포착하고 기록한다. 이러한 역할은 단순히 '사진을 찍는' 차원을 넘어, 사진 한 장에 담긴 메시지와 감정을 전달하는 작업이다. 카메라 장비에 대한 이해, 구도나 조명에 대한 감각, 그리고 순간을 포착하는 관찰력은 큰 장점이 된다. 더불어 사진 편집 능력도 중요하다. 사진의 크기, 명암, 색감, 구도를 조정해 최적의 이미지로 편집하고, 전달력 있는 콘텐츠로 완성해야 한다.

최근에는 인물 사진에 대한 초상권 보호와 개인정보 보호 이슈도 대두되고 있어, 촬영 시 윤리적 감수성도 요구된다. 국민을 위한 '사진'이라는 책임감을 지니고, 행정기관의 정책과 이슈를 시각적으로 표현할 수 있는 이들에게 추천되는 분야다.

웹툰기자

웹툰기자는 행정기관의 정책이나 제도를 '그림'과 '스토리'로 풀어내는 역할을 한다. 시각적이고 감각적인 접근을 통해 정책을 쉽고 친근하게 전달하는 장점이 있다.

기본적으로 그림 실력이 요구되며, 미술 전공자나 만화/일러스트 경험자가 많다. 캐릭터 구성, 상황 묘사, 대사 구성 등 만화 특유의 구성 능력도 중요하다.

특히 신세대 감각이 돋보이는 유쾌하고 재치 있는 표현은 독자의 마음을 사로잡아 높은 반응을 끌어낼 수 있다.

웹툰기자는 단순한 그림 작가가 아닌, 자료나 정보를 기반으로 한 '창작자'다. 정책의 핵심 내용을 이해하고, 이를 창의적이고 공감력 있게 풀어내야 한다. 디지털 드로잉 툴에 능숙한 사람이라면 더욱 유리하다.

영상기자

행정기관의 정책 현장, 인터뷰, 축제나 행사 등의 생생한 모습을 영상으로 제작한다. 영상기자는 단순한 촬영을 넘어서, '기획-촬영-편집-제작'의 전 과정을 총괄하는 콘텐츠 디렉터이기도 하다.

카메라나 마이크, 조명, 드론 등 장비 사용에 익숙해야 하며, 촬영한 장면을 어떻게 구성할지에 대한 스토리텔링 감각도 중요하다. 무엇보다 영상 편집 소프트웨어에 대한 능숙한 이해가 필요하다.

영상기자는 특히 작업 시간과 공정이 긴 만큼, 성실성과 끈기가 요구된다. 촬영 대상자와의 커뮤니케이션, 인터뷰 진행 기술, 현장 적응력 등과 함께 영상미디어에 관심 있는 이들에게 적극 추천된다.

카드뉴스

카드뉴스는 글과 이미지를 결합한 콘텐츠로, 정보를 간결하고 직관적으로 전달하는 데 탁월하다. 특히 SNS 플랫폼에서 소비되기 쉬운 콘텐츠라, 기자단 활동에서도 매우 유용하게 활용된다. 기사의 핵심 내용을 이미지와 함께 압축해 구성하며, 시각적 흐름과 정보의 명확성을 동시에 고려해야 한다.

카드뉴스는 디자인 감각과 핵심 요약 능력, 그리고 시선을 끄는 문구 구성 능력이 필요하다. 파워포인트, 포토샵, 캔바 등의 디자인 툴을 활용할 수 있다면 쉽게 적응할 수 있으며, 콘텐츠의 기획력과 정리 능력이 중요한 역할을 한다. 특히 MZ세대처럼 시각적 정보에 익숙한 독자에게 효과적으로 다가갈 수 있는 콘텐츠다.

이처럼 국민기자단은 분야별로 요구되는 역량과 역할이 뚜렷하다. 자신이 가장 잘할 수 있는 분야를 선택하는 것이 활동의 만족도를 높이고, 결과적으로 콘텐츠의 품질에도 긍정적인 영향을 미친다.

***

국민기자가 생산하는 대부분 콘텐츠는 온라인 플랫폼을 통해 게시되고 유통된다. 그리고 정책 현장을 직접 찾는 탐방 취재나 행사 참석, 인터뷰 등은 오프라인에서 이루어진다. 따라서 시간적 여유와 언제나 취재할 수 있는 환경 또한 중요한 고려 요소가 된다. 이는 실제 모집공고에 명시된 자격 요건에서도 확인할 수 있다. 많은 기관이 다음과 같은 기준을 공통적으로 제시한다.

- 행정 및 정책 분야에 관심 있는 대한민국 국민
- 개인 계정의 SNS(블로그, 인스타그램, 페이스북, 유튜브 등)를 운영 중이며, 활동이 활발한 사람
- 기관이 주관하는 주요 행사, 간담회, 현장취재 등에 참석이 가능한 사람
- 정기적인 회의와 현장 답사에 성실하게 참여할 수 있는 사람
- 타 공공기관 기자단 또는 홍보단 활동 경험이 있는 사람

이 중 'SNS 활동'과 '기자단 경험 여부'는 많은 기관에서 선호하는 요소다. 하지만 결정적인 조건은 아니다. 경험이 부족하더라도 열정과 성실성을 강조하면 기회를 얻을 수 있다.

04. 모집공고 분석하기

"K는 어느 분야에 관심이 있어요?"
"텍스트기자요."
"왜요?"
"글쓰기가 제일 친숙해서요."
"가장 전통적인 분야이기도 하죠. 선발하는 인원도 많고요."
"사진이나 영상도 해 본 적이 있는데, 워낙 오래돼서 자신이 없어요."
"그런데 텍스트기자라고 해서 글만 다루는 게 아니에요. 사진 촬영도 해야 해요."
"의왼데요, 텍스트기자는 글만 잘 쓰면 되는 거 아닌가요?"

 글쓰기에 소질이 있는 경우에는 텍스트기자, 사진에 취미가 있고 관심이 있다면 사진기자, 웹툰을 잘 만들 줄 알면 웹툰기자, 영상 촬영에 익숙하고 자신이 있다면 영상기자로 지원하는 게 일반적이다. 지원자의 적성과 경험을 바탕으로 가장 자신 있는 분야에 도전하면 된다. 그러나 최근에는 카드뉴스나 사진기자처럼 세부 분야를 따로 구분하지 않고, '텍스트기자'라는 명칭 하나로 통합해 선발하는 경우가 많다.

따라서 텍스트기자는 글쓰기 외에도 최소한의 사진 촬영 능력을 요구받는다. 왜냐하면 기사 내용에 적절한 사진(또는 이미지)을 함께 제공하는 것이 독자의 이해를 돕고, 전달력을 높이기 때문이다. 그래서 흔히 '글+사진'을 함께 다루는 텍스트기자를 '블로그기자'라고도 부른다. 블로그 구성과 형식이 유사하기 때문이다. 그렇더라도 전문 사진기자 수준의 고난도 기술까지는 요구하지 않는다. 최근 스마트폰 카메라 기능이 발달해, 누구나 기본적인 촬영만으로도 충분한 퀄리티 창출이 가능하다.

SNS 활동을 꾸준히 해 온 사람이라면, 글쓰기와 사진 촬영 모두 부담스럽지 않다. 다만 일부 기관에서는 감각적인 비주얼 콘텐츠를 중시해, 사진기자를 별도로 선발하기도 한다.

***

행정기관별로 모집 방식과 선발 분야는 저마다 차이가 있다. 모든 기관이 5개 분야를 선발하는 것은 아니다. 기관의 성격이나 정책 목표에 따라 필요한 분야만 선별해 모집한다. 분야 구분 없이 일괄 모집한 뒤, 지원자의 역량에 따라 선택하게 하는 사례도 있다. 모집공고를 살펴보면 이러한 차이를 분명히 알 수 있다. 주요 사례들을 유형별로 정리해 살펴보자.

필요한 분야만 선발하는 방식

기관이 필요로 하는 분야를 선별하여 모집한다. 가장 일반적으로 볼 수 있는 유형이다. 예를 들어 텍스트와 영상 분야만 모집하고, 사진이나 웹툰 분야는 아예 선발하지 않는 방식이다. 부처에 따라서는 국내외를 구분하기도 한다.

- 인원: ○○명 내외
- 부문
  - 국내: 텍스트 부문, 미디어(영상) 부문
  - 국외: 해외 특파원
  ※ 해외 특파원이 귀국하면 국내 부문으로 이동 가능, 국내 기자가 해외 체류 시 해외 특파원으로 전환 가능

구분 없이 일괄 모집하는 방식

지역별 모집 인원만 정해 놓고, 활동 분야를 자유롭게 선택할 수 있도록 하는 방식이다. 지원 단계에서는 분야를 정하지 않고, 선발 이후 개별 역량에 맞춰 역할을 조정한다. 기자단 개개인의 특성과 능력에 따라 자율적으로 선택하는 구조다.

- 인원: ○○명(수도권·강원·충청·경상·전라 등 권역별 구분)
- 부문: 온라인 콘텐츠(기사, 이미지, 영상 등) 기획 및 제작

응시자를 구분해 선발하는 방식

지원자의 나이나 신분(대학생, 일반인 등)에 따라 나누어 모집하는 유형이다. 기자단 운영을 연령대별 특성에 맞게 구성하려는 의도에서 비롯된다. 예를 들어 청소년기자단은 교육적 성격이 강조된다. 대학생 기자단은 전공이나 적성을, 일반인은 활동 경험 측면에서 높은 기대치를 설정하기도 한다.

- 인원: ○○명
- 부문
  - 일반기자단: 만 19세 이상 성인
  - 대학생기자단: 대학(재학 또는 휴학) 중인 자
  - 청소년기자단: 만 19세 미만의 중·고등학생

※ 각 분야별 예비합격자 10% 내외 선발

자격요건을 사전에 명시하는 방식

지원 자격을 대학생으로 한정하거나, 해당 지역 거주자만 선발하는 등 일정 기준을 사전에 정해 두는 경우다. 특히 지자체의 경우, 그 특성상 현지에 생활 기반이 있는 참여자(지역 주민)를 우선 선발한다.

- 인원: ○○명

- 지원자격
  - 국내 거주 대학생 중 SNS 계정 보유자
  - ○○광역시 거주자(외국인 포함)
  - 공공 정책이나 행정 분야에 관심 있는 자

이처럼 기관마다 기자단 구성 방식과 모집 요건은 천차만별이다. 따라서 자신이 지원하고자 하는 기관의 성격, 선발 분야, 자격 조건 등을 꼼꼼히 확인하는 것이 가장 기본적인 준비 자세다. 단순히 '글을 잘 쓰니까 텍스트기자'라는 접근보다는, 기관의 요구사항과 자신의 역량이 어떻게 연결될 수 있는지를 파악하는 것이 훨씬 중요하다.

05. 어디에 소속될까

"SNS 홍보를 맡는 부서가 따로 있는 건가요?"

"물론이죠. 행정부처는 '대변인실', 지자체는 '홍보실'이라는 전담 조직이 있어요."

"주로 어떤 일을 하나요?"

"SNS 콘텐츠를 기획·검토하고, 어떤 콘텐츠가 의미 있고 중요한지 판단하죠. 또한 주요 이슈에 대한 모니터링도 이곳에서 이뤄지고요. 필요에 따라서는 추가적인 대응 조치도 마련해요."

"그렇다면 기자단과 관련된 업무도 여기서 맡겠네요?"

"당연하죠. 기자단 모집, 운영, 수료까지 전 과정을 이곳에서 주관해요. 특히 기자단이 생산한 콘텐츠를 최종 승인하는 데스크 역할도 맡고 있죠."

행정부처의 대변인실 또는 지자체의 홍보실(이하 '대변인실'이라 한다)은 해당 기관의 공식적인 커뮤니케이션 창구다. 전담 부서로서 정보를 국민에게 정확히 전달하고, 기관이 추진하는 정책과 제도에 대한 설명과 해석을 제공하는 핵심 역할을 맡는다.

보도자료 작성과 배포, 언론 브리핑, 미디어 인터뷰 등 언론 대응은 물론, 기관 입장을 명확히 밝히는 역할도 수행한다. 특히 사회적으로 논란이 되거나 기관 이미지에 영향을 줄 수 있는 사안이 발생했을 경우, 신속하게 대응하는 위기관리 기능도 갖추고 있다.

반대로, 정책 홍보가 필요한 시기에는 각종 이벤트와 캠페인을 기획하고, 이를 통해 대국민 소통을 활발히 전개한다. 즉, 대변인실은 기관의 '공식 창구(입)'을 담당하며, 대국민 의사소통을 위한 첨병 역할을 맡는다. 기자단 운영 역시 대변인실의 주요 업무 중 하나다.

대변인실은 홈페이지, SNS 등 다양한 플랫폼을 통해 행정기관의 정책을 소개하고 국민과 소통하기 위해 다양한 콘텐츠를 제작한다. 이러한 콘텐츠를 효율적으로 유통하고 국민 반응을 분석하기 위해 SNS 운영 및 기획 업무도 수행한다. 콘텐츠 확산을 위한 아이디어 기획, 채널별 편집과 조정, 만족도 조사, 국민 반응 모니터링 등 실질적인 SNS 전략을 수립·실행하는 것이 바로 대변인실의 책임이다.

조직 규모에 따라서는 홍보담당관실이나 디지털소통팀이 별도로 구성되어 보다 체계적인 운용을 하기도 한다. 그렇다면, 기자단과 관련해 대변인실은 어떤 일을 구체적으로 맡고 있을까?

대변인실의 주요 업무

- 공개 선발
  - 모집 공고 및 일정 수립
  - 1차 서류심사 및 지원자 평가
  - 2차 면접 심사 및 최종 합격자 선정
  - 발대식 개최 및 해단식 운영
- 운영 관리
  - 콘텐츠 기획안 및 최종 원고 검토
  - 정책 현장 탐방 투어 기획 및 실행
  - 주요 행사 취재 인원 배정 및 운영
  - 콘텐츠 최종 승인 및 공식 채널 등록
- 성과 평가
  - 활동 실적 기반 우수 기자 선정 및 시상

이와 함께 많은 행정기관이 기자단 운영의 실무를 좀 더 체계적으로 진행하기 위해 운영사무국을 별도로 두고 있다.

운영사무국은 홍보 전문 민간업체로, 대변인실이 입찰을 통해 선정한다. 운영사무국은 기자단의 실무 주체로 활동하며, SNS 계정 운영, 콘텐츠 업로드 및 검수, 일정 조율, 기자단 문의 응대 등 다양한 업무를 담당한다.

기관에 따라 외부 위탁 없이 대변인실에서 직접 운영하기도 하지만,

규모가 크거나 전문성을 중시하는 부처에서는 운영사무국 체계를 채택한다. 어느 방식이 더 나은지 각각 장단점이 있어 일괄적으로 평가하기는 어렵다. 다만, 운영사무국이 있을 때, 기자들이 소통하는 상대는 대변인실이 아닌 운영사무국이 된다. 물론 정책적 방향이나 주요 사안은 여전히 대변인실이 직접 관여한다.

운영사무국의 주요 역할

- 총괄 운영
  - 홍보 사업 전체 계획 수립 및 관리
  - 연간 로드맵 작성, 월간·최종 결과 보고
  - 기자단 전반 운영 기획 및 실행
- 콘텐츠 관리
  - 기자단 콘텐츠 계정 운영 및 게시 일정 조율
  - 콘텐츠 제작(글·사진·영상) 및 업로드 지원
  - SNS 채널별 계정 운영
- 모니터링 및 홍보
  - 주요 정책 홍보 캠페인 기획 및 집행
  - 콘텐츠 반응 분석 및 확산 전략 수립
  - 기자단 SNS 활동 모니터링
- 역량 강화
  - 기자단 대상 교육 커리큘럼 기획 및 운영

- 기자단 소모임 조직 및 활동 지원
- 연말 활동 성과 발표회(온·오프라인) 기획

  국민기자단은 단순한 전달자가 아니라, 행정기관의 정책을 국민 눈높이에서 전달하는 공공 커뮤니케이터이다. 이를 가능하도록 대변인실과 운영사무국(이하 대변인실과 운영사무국은 동일한 의미로 사용한다)이 협력해 전체 과정을 조직적으로 설계하고, 콘텐츠의 품질과 소통의 효과를 극대화한다. 이처럼 기자단 내에는 국민기자를 돕는 시스템이 정교하게 작동하고 있다는 사실도 함께 기억하자.

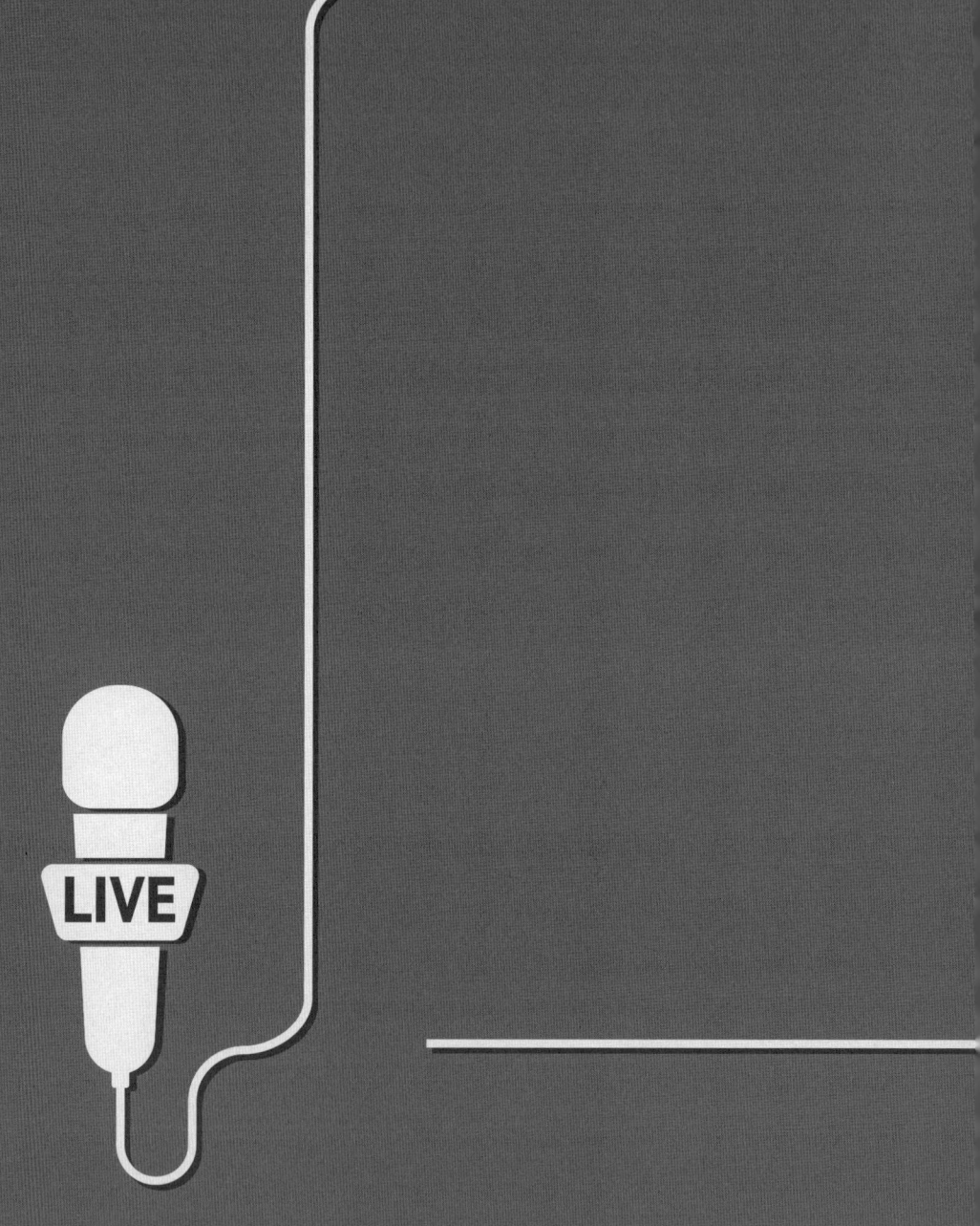

3부

이렇게 선발된다

01. 선택은 나의 몫
02. 지원 동기도 여러 가지
03. 제출 서류 완벽 가이드
04. 지원서 작성 시 유의 사항
05. 두근두근 서류 통과
06. 슬기로운 면접 준비
07. 오픈채팅방, 이렇게 운용된다
08. 기자단 카페 가입하기
09. 발대식 참석은 필수
10. 첫 행사 참여 후기

01. 선택은 나의 몫

 국민기자에 관한 전반적인 설명은 지난 만남에서 K에게 거의 모두 전달했다. 짧은 시간 안에 상당한 양의 정보가 쏟아져 이해가 쉽지는 않았겠지만, K는 "전체적인 감을 잡는 데 큰 보탬이 되었다"라며 고마워했다. 필자의 경험이 누군가에게 도움이 된다는 사실은 언제나 보람되고 기분 좋은 일이다. K는 텍스트기자에 끌린다고 말했지만, 사진도 함께 다뤄야 한다는 설명에 살짝 당황했었다. 다시 만난 K는 어떻게 마음을 정리했을까?

 "글쓰기는 어느 정도 해 볼 수 있을 것 같아요. 하지만 사진은 영 아니거든요."
 "배우면 되죠. 너무 어렵게 생각하지 마세요."
 "작가님은 경험도 많고 익숙해지셨잖아요."
 "저도 처음엔 무척 힘들었어요. 시작부터 잘하는 사람이 어디 있어요?"
 "물론 그렇죠."

"제가 옆에서 도와드릴게요. 걱정하지 마시고 도전해 보세요. K 정도 글쓰기 실력이면 충분히 경쟁력 있어요."

짧은 대화 후, K는 고민에 빠졌다. 물론 최종 결정은 본인의 몫이지만, 필자가 전한 조언과 응원의 말들이 작은 용기로 이어지길 바랐다. '장고 끝에 악수'라는 말이 있다. K에게 너무 숙고하지 말고, 오히려 부딪쳐 보며 방향을 잡는 것도 방법이라고 전했다. 그리고 가능하다면 관심 있는 행정기관의 정보를 직접 찾아보고 정리해 볼 것을 권했다. 부족한 점은 그때그때 나에게 물어보면 된다고도 덧붙였다.

K에게 선발 일정과 관련된 몇 가지 팁을 추가로 말해 주었다.

＊＊

모집공고는 행정기관의 공식 홈페이지에서 가장 먼저 확인할 수 있다. 관심 있는 기관이 있다면, 수시로 들어가 모집 일정과 공지사항을 확인하는 습관이 중요하다. 이외에도 각 기관의 SNS 채널(블로그, 인스타그램, 페이스북, 유튜브)에서도 모집 소식을 확인할 수 있다.

또는 대외활동 전문 블로그나 포스트, 인플루언서 채널을 활용하는 것도 한 방법이다. 전년도 일정을 참고하는 것도 유용하지만, 일정이 매년 같지는 않다는 점에 유의해야 한다. 기관 내부 사정이나 담당자 변경 등의 변수로 인해 시기가 앞당겨지거나 늦춰질 수 있기 때문이다.

일반적으로 12월~1월에 가장 많은 기관이 모집공고를 게시하지만, 빠르면 10~11월 심지어 여름에 선발하는 기관도 있으므로 지속적인 관심과 확인이 필요하다. 모집인원은 대체로 40~50명 선에서 선발된다. 물론 기관의 규모나 방식에 따라 이보다 많거나 적을 수도 있다.

분야별로 보면 텍스트기자 선발 비율이 가장 높다. 전체 인원의 절반 이상을 차지하는 경우가 많다. 반면, 사진기자, 웹툰기자, 영상기자는 비교적 소수 정예로 선발된다.

활동 기간은 1년 단위가 보통이며, 일부 기관에서는 반기 또는 분기 단위로 운영하기도 한다.

"작가님 말씀대로 한번 도전해 볼게요."
"잘 생각했어요. 그런데 행정기관은 어디로 정했나요?"
"우선은 행정부처 쪽이 끌리네요."
"본인이 관심 있는 분야나 경험이 있는 기관 위주로 고려하면 좋을 거예요."
"알겠습니다."
"그리고 모집공고를 꾸준히 확인하세요. 아차 하면 놓치기 쉽거든요."
"명심하겠습니다. 또 준비해야 할 건 뭐가 있을까요?"
"블로그 활동을 꾸준히 이어 가세요."
"물론이죠! 요즘은 포스팅을 정말 열심히 하고 있어요. 지난번 작가님이 강조하신 말씀이 계속 기억에 남아서요."

"좋아요."

필자 역시 행정기관 선택에서 가장 어려움을 느꼈다. 관공서를 접해 본 경험이 거의 없었고, 기관별 성격이나 사업에 대한 정보도 부족했다. 그래서 거꾸로 내가 무엇에 관심이 있는지부터 질문을 던졌다. 나는 평소 로봇 기술에 흥미가 많았고, 그와 관련된 블로그 포스팅도 꾸준히 하고 있었다. 그래서 '로봇' 관련 행정기관이 없을까 찾아보다가 로봇개발청(설명을 돕기 위한 가상의 기관이다)이라는 중앙 행정부처를 발견했다.

포털에서 로봇개발청 국민기자단 모집공고를 검색해 보니, 텍스트기자도 다수 선발하고, 지원 자격도 제한 없이 누구나 가능했다. 이전 합격자의 후기까지 찾아보고, 여러 번 정독하면서 지원 방향을 잡았다.

이후, 로봇개발청 홈페이지에 공식 모집공고가 올라왔고, 여유 있는 일정 덕분에 차근차근 준비할 수 있었다. 처음 도전하는 모든 일이 그렇듯, 초보자에게는 국민기자단 활동도 어렵고 두려울 수 있다.

하지만 주저하지 말고 부딪쳐 보는 용기, 그리고 조금씩 준비해 가는 꾸준함이 결국 좋은 결과로 이어진다. K에 도움을 주기 위해 당시의 모집 요강을 정리해 봤다.

***

로봇개발청의 주요 정책과 사업 활동을 조금 더 쉽게 전달하고자, 다음과 같이 국민기자단을 모집합니다. 국민기자단으로 활동하게 되면, 다양한 분야의 로봇 개발에 관한 이야기를 발굴해 콘텐츠를 제작하게 됩니다. 이뿐만 아니라, 로봇개발청에서 진행하는 각종 포럼 취재 및 정책 현장을 방문해 많은 국민에게 관련 소식을 전달할 수 있습니다. 로봇 개발에 관한 정책을 전달하는 미디어 소통에 실력 있는 분들의 참여를 기다리고 있습니다. 학력과 경력은 무관하며, 오직 여러분의 실력과 열정을 기준으로 판단하겠습니다.

[대상]
- 대한민국 국적의 사람이라면 누구나!
- 로봇에 관심이 많은 대학(원)생과 일반인

[일정]
- 모집공고 >> 서류접수 >> 1차 합격자 발표 >> 2차 면접심사 >> 최종합격자 발표
- 1차 합격자는 개별 통보, 최종합격자는 홈페이지 공지 및 개별 통보

[선발인원] 총 ○○명 내외

[분야]

- 텍스트기자단: 글과 사진으로 이루어진 콘텐츠 제작
  - 월 ○회 이상, 건당 한글 기준 ○○자 이상
- 사진기자단: 사진 또는 이미지 중심의 콘텐츠 제작
  - 월 ○회 이상, 건당 사진 ○장 이상(글자 수는 제한 없음)
- 웹툰기자단: 블로그 전용 웹툰 이미지 콘텐츠 제작
  - 월 ○회, 건당 이미지 ○컷
- 영상 기자단: SNS 전용 동영상 콘텐츠 제작
  - 월 ○회, 건당 영상물 ○분 이내

[제출서류] 지원서, 활동계획서, 창작 콘텐츠, 개인정보(수집이용)동의서

[접수방법] 접수 기간 내 이메일 접수
- 메일 제목 및 파일명: 기자단지원(국내/해외)_이름_날짜

[기간] 발대식부터 1년간

[활동 내용]
- 로봇개발청 블로그 등 SNS 콘텐츠 생산 및 소통
- SNS 소통의 이해와 콘텐츠 제작을 위한 워크숍 참석
- 로봇개발청 정책 현장 및 주요시설 방문 및 취재

- 로봇개발청 정책 개선 및 의견 반영 등을 위한 온라인 설문 응답

[혜택]

- 소정의 활동비 지급

- 우수활동자에 로봇개발청장상 시상

- 주요 행사 및 정책 현장 탐방 기회 부여

02. 지원 동기도 여러 가지

그렇다면 사람들은 왜 국민기자단에 지원하는 것일까? 각자의 처지에 따라 이유는 다양하겠지만, 대체로 다음과 같이 정리할 수 있다.

경험과 커리어 관리를 위한 목적

대학생 또는 취업 준비생들이 가장 흔히 기자단에 지원하는 이유이다. 기업 인턴과 달리 기자 활동은 시간과 공간의 제약이 적고, 비교적 쉽게 접근할 수 있다는 장점이 있다.

무엇보다도 활동을 통해 '정부 부처 명의의 위촉장'을 받을 수 있고, 자신이 만든 콘텐츠가 실제 행정기관 채널에 게시되는 경험은 다른 어떤 활동보다 공신력 있는 대외활동 경력이 된다. 실제로 이들은 자신의 전공과 맞닿아 있는 기관을 선택하려는 경향이 강하다.

예를 들어 미디어, 커뮤니케이션 전공자는 문화체육관광부, 산업디자인 전공자는 특허청이나 중소벤처기업부, 사회복지 전공자는 보건복지부나 국민권익위원회를 선호한다. 이는 곧 전문성 기반 콘텐츠 제작으로도 이어져, 추후 포트폴리오나 자기소개서 작성 시에도 높은 활용도가 있다.

공공 커뮤니티 참여와 네트워크 형성

직장인이나 프리랜서, 40~60대의 일반 시민 참여자들이 가장 많이 속하는 유형이다. 이들은 단순한 '경력'보다, 내가 활동하는 생활의 영역에서 소통과 교류의 기회를 넓히고자 하는 동기가 크다. 블로그, 인스타그램 등 SNS를 운영하고 있거나, 이미 여러 분야에서 정보 전달을 해 본 경험이 있는 경우가 많다. 특히 SNS 홍보에 대한 관심이 높은 이들은 기자단 활동을 통해 새로운 시야를 얻고, 같은 관심사를 가진 이들과 교류할 수 있다는 점에서 만족도가 상당하다. 일부는 기자단 내에서 소모임이나 지역 네트워크를 만들어 활발한 커뮤니티 활동을 이어 가기도 한다. 이런 유형은 개인 브랜드를 운영하고 싶거나, 은퇴 후 제2의 커리어를 고민 중인 사람들에게도 적합하다.

기관 활동에 대한 이해를 높이기 위해

행정기관은 국민 참여를 확대하기 위해 다양한 제도를 마련하고 있다. 기자단은 그러한 프로그램 중 '입문형'에 해당한다. 일례로 적극행정 모니터링단, 청년 인턴십, 각종 아이디어 공모전 등에 참여하고자 할 때, 해당 기관에 대한 배경 이해와 정책 흐름을 알 수 있는 기초 경험으로 기자단 활동이 유용하다. 특히 공모전이나 제안 사업에 참여할 경우, 사전에 기자단 활동을 통해 기관의 방향성과 홍보 전략을 익혀 두면 당선 확률도 올라간다.

또한 기자단을 계기로 행정학, 정책학 등에 관심을 두게 되었다는 후기들도 많다. 이는 단순히 콘텐츠를 만들다 끝나는 것이 아니라, 정책을 읽는 눈을 키워 주는 활동의 역할도 함께 수행하는 셈이다.

글쓰기, 사진, 영상 등 취미의 연장선

마지막으로, '재미있어 보여서', '한번 해 보고 싶어서'라는 이유로 시작하는 사람들이 있다. 이런 유형은 지원 동기가 가장 순수하고, 활동 만족도도 높다.

실제로 글쓰기를 좋아해서 블로그를 운영하던 사람이, 콘텐츠에 재미를 붙여 영상까지 도전하거나, 스마트폰으로 사진을 찍다가 포토에세이 콘텐츠를 만들게 되는 경우도 많다. 무엇보다 '부담 없이' 시작했기 때문에 오히려 중도 탈락률이 낮고 활동을 즐기는 비율이 높다. 특히 지인의 추천이나 우연한 모집공고를 계기로 참여한 경우가 많으며, '이런 활동이 있는 줄 몰랐는데, 해 보니 너무 재미있다'라는 반응도 적지 않다.

"여러 유형이 있군요. 작가님은 어디에 해당하세요?"

"저는 두 번째와 네 번째요. 커뮤니티 활동도 하고 싶었고, 솔직히 처음엔 경험 삼아 시작했죠."

"저는 첫 번째에 해당하네요."

"그렇죠. 대학생은 대부분 그렇더라고요."

"그런데 작가님이 보기엔 어떤 동기가 제일 바람직하다고 보세요?"

"동기보다 중요한 건 마지막까지 가는 힘이에요."

"무슨 뜻이죠?"

"중도에 포기하지 말고 끝까지 해야 한다는 거죠."

"쉬운 일은 아닌 것 같아요."

"맞아요. 초반의 열정이 현실 앞에서 점점 희미해지기도 하고, 다른 일정과 겹치기도 하고요. 그래서 저는 늘 말해요. 기자에게 제일 필요한 건 꾸준함과 책임감이라고요."

이 4가지 유형 중 어느 하나에 꼭 들어맞지 않더라도 괜찮다. 모든 지원자가 저마다의 이유로 시작하지만, 결국은 비슷한 목표선에 도달한다. 바로 △ 공공의 가치를 전하고 △ 나만의 콘텐츠를 만들고 △ 새로운 사람들과 소통하며 △ 공익적인 자부심을 느끼는 일이다.

***

국민기자단 활동은 단순한 정보 생산의 참여가 아니라, 국민과 함께 사회를 움직여 나가는 협업의 연속이다. 동시에 작지만 실제로 참여하는 체험의 장으로 기능한다.

이처럼 기자단은 단지 콘텐츠를 제작하는 활동 그 이상이다. 각자의 이유로 시작하지만, 스스로 완주했을 때 비로소 얻게 되는 진짜 경험이 있다. 그 진짜 경험이 누군가의 일상에 새로운 의미를 더해 줄 수 있다면, 그 자체로도 충분한 가치가 된다.

03. 제출 서류 완벽 가이드

서류심사 단계에서는 무엇보다 지원자의 능력과 역량을 정확하고 효과적으로 보여 주는 것이 중요하다. 기자단 지원 시 제출해야 하는 서류는 일반적으로 4가지로 구성되어 있다. 지원서, 활동계획서, 창작 콘텐츠(또는 SNS 계정 링크), 개인정보수집·이용 동의서가 그것이다.

관련 서류들을 작성하기 전에는 각 문서가 어떤 정보를 요구하는지를 먼저 정확하게 파악해야 한다. 내용과 형식에 대한 이해 없이 무작정 작성하면, 핵심이 흐려지거나 전달력이 떨어지기 때문이다.

작성 시에는 메시지가 일관되고 분명해야 하며, 상대방이 쉽게 읽고 이해할 수 있도록 문장 구성은 간결하고 명확히 해야 한다. 불필요하게 장황한 표현이나 모호한 문장은 피하고, 가능한 한 직관적인 문체를 선택하는 것이 좋다.

또한 시각적으로 깔끔하게 구성된 문서는 보는 사람에게 전문적이고 신뢰감 있는 인상을 준다. 작성 후에는 반드시 오타, 문법 오류, 내용의 앞뒤 모순 등을 점검해야 하며, 제출 기한은 반드시 준수해야 한다. 계획 없이 마감 직전에 허겁지겁 준비하다가 실수하는 경우가 적지 않다. 시간 여유를 확보하는 것만으로도 전체 완성도를 한 단계 끌어올릴 수 있다.

"작가님! 무슨 서류가 이렇게 많아요?"
"처음이라 그렇게 느껴지는 거예요."
"지원서는 그래도 이해가 돼요. 그런데 활동계획서는 뭐죠?"
"말 그대로, '기자단으로 선발되었을 경우 어떻게 활동할 것인지'를 묻는 문서예요. 어떤 주제로, 어떤 방식으로 콘텐츠를 만들겠다는 계획을 담는 거죠."
"그럼, 창작 콘텐츠는 또 뭐예요?"
"지원자의 콘텐츠 제작 능력을 보는 기준이에요. 텍스트 기자라면 예전 포스팅 글이나, 모의 기사 같은 글을 제출해도 되고요. 경우에 따라선 본인이 운영 중인 SNS 링크를 대신 제출하라고 안내하기도 해요."
"개인정보수집 및 이용 동의서는 뭔지 알겠네요."
"그렇죠. 민감한 정보 처리에 대한 공식적인 동의 절차예요. 요즘엔 필수죠."
"와! 이렇게 보면 서류 하나하나에 다 신경 써야겠네요."
"당연하죠. 꼼꼼하게 준비해야 해요."

K가 투덜거리듯 말한 건, 내가 보여 준 로봇개발청 모집공고를 보고

난 직후였다. 지원서 한 장만 생각했던 K에겐 생소한 제출 항목이 꽤 낯설었을 것이다. 하지만 국민기자도 엄연히 행정기관의 콘텐츠 생산의 파트너이자 참여자다.

그래서 최종합격자에게는 '위촉장'이 발급되며, 이는 행정기관의 일원으로 일정 기간 활동하게 된다는 의미를 담고 있다. 단순한 체험 활동이 아니라, 기관 명의로 함께 소통하는 공식적인 협력 관계라는 점에서 일정 수준 이상의 서류 요건은 필수인 셈이다. 하나씩 살펴보자.

***

지원서

지원서는 이력서와 자기소개서의 성격이 혼합된 문서다. 나를 소개하는 기본 서류이자 '첫인상'이라고 말할 수 있다. 행정기관마다 양식이 조금씩 다를 수 있지만, 일반적으로 다음과 같은 항목이 포함된다.

- 기본 인적 사항(이름, 생년월일, 연락처 등)
- SNS 계정 정보(블로그, 인스타그램, 유튜브 등)
- 활동 경험(기자단, 서포터즈, 공모전, 블로그 운영 등)

활동계획서

가장 중요한 평가 항목 중 하나가 바로 활동계획서다. '지원자가 실제로 어떻게 활동할 사람인지' 가늠하는 핵심 자료이다. 말 그대로 "기자가 된다면 어떤 식으로 콘텐츠를 만들고 활동하겠다"라는 계획을 작성하는 것이다. 개인적인 취향(간단히 나의 성격, 특기, 관심사 등)과 지원동기(왜 이 기관에, 왜 이 분야에 지원했는지)가 포함된다.

행정기관에서는 지원자가 △ 기관의 성격을 얼마나 이해하고 있는지 △ 콘텐츠 제작을 어떻게 준비하고 기획할 능력이 있는지 △ 지속적으로 활동할 수 있는 책임감과 실천력이 있는지 등을 활동계획서를 통해 확인한다.

창작 콘텐츠

지원자가 실제 콘텐츠를 제작할 수 있는 사람인지 판단하기 위해 요구하는 자료이다. 즉 자신의 콘텐츠 실력을 보여 주는 '샘플'이다. 형식은 보통 2가지로 나뉜다.

- 자유형 콘텐츠 제출(텍스트 기사, 포토에세이, 카드뉴스, 영상 등)
- 기존 운영 중인 SNS 계정 링크 제출(블로그, 유튜브, 인스타그램 등)

"작가님이 운영 중인 SNS 계정이 있다면 장점이라는 의미를 알겠네요."
"아무래도 유리하죠."
"본인 계정이 없으면 기자단 지원을 망설일 수도 있겠군요."
"잘못된 판단이죠. 창작 콘텐츠로 대신할 수도 있거든요."

"오호라! 그런 방법이 있군요."

"SNS 계정이 없으면 지원자의 실력을 알 수가 없잖아요. 그래서 기관에서 요구하는 포트폴리오 같은 거예요."

"계정이 없는 사람들에게는 정말 다행이네요."

"그래도 SNS 계정을 가지고 활동하는 게 좋아요. 조회수가 높은 것도 좋지만, 꾸준히 진정성 있게 운영하는 계정을 높게 평가하는 기관도 많거든요."

"그런데 지속하는 게 정말 어렵더라고요."

"그렇죠. 아무래도 부지런해야 하니까요. 세상에 쉬운 일은 하나도 없잖아요."

개인정보수집·이용 동의서

　법적 또는 윤리적으로 개인정보를 보호하기 위해 필수로 제출해야 하는 문서다. 반드시 정확하게 기록해야 한다. 행정기관에서 제공하는 지정 양식이 있는 경우가 많으므로 그대로 작성하고 서명까지 해야 유효하다.

***

　결론적으로 서류 준비는 기관의 성격을 반드시 이해해 서류에 녹이고 내가 잘하는 것, 관심 있는 것에 맞춰 설득력 있게 풀어내야 한다.

그리고 형식은 깔끔하게, 표현은 간결하게, 메시지는 분명한 게 좋다.

특히 맞춤법, 오타, 문법 오류는 치명적일 수 있다. 꼭 두 번 이상 검토하고, 마감 시한 2~3일 전엔 제출을 완료하도록 하자.

서류심사에 필요한 기본적인 정보는 이쯤이면 충분하다. 추가로 궁금한 점이 생기면, K 스스로 온라인에서 검색해 보는 것도 좋은 경험이 될 것이다. 그래도 해결이 어렵다면 언제든 선배 경험자에게 조언을 구하면 된다.

이제는 실제 서류 작성에 관해 이야기할 차례다. 생각보다 간단한 과정이 아니지만, 차근차근 준비해 나가면 어렵지 않다. 이러한 과정 하나하나가 결국 선발 여부를 가르는 디테일이 된다. 지금 느끼는 떨림과 조심스러움은 도전하는 자만이 누릴 수 있는 특권임을 잊지 말자.

좀 더 자세한 설명을 위해 필자가 작성했던 로봇개발청 국민기자단 지원 서류를 순서대로 꺼내어 K에게 보여 주었다.

04. 지원서 작성 시 유의 사항

지원서

지원서는 기자단 서류의 출발점이다. 지원자의 기초 정보를 기반으로, 어떤 사람인지, 어떤 활동을 해 왔는지, 어떤 분야에 지원하고 싶은지를 한눈에 파악할 수 있도록 구성된다. 양식은 대부분 행정기관이 유사하지만 약간의 표현이나 항목 차이는 있다. 일반적으로 다음과 같은 항목이 포함된다.

- 기본사항
: 지원자에 관한 이름, 전공, 직업, 주소, 메일 등 주요 신상 정보를 기록한다.
- 지원분야
: 본인의 지원 분야(텍스트, 웹툰, 사진, 영상)를 확인하고 체크한다.
- 활동 중인 SNS 계정
: 지원자 본인이 운용하고 있는 블로그, 인스타그램, 페이스북, 유튜

브 등의 계정 주소를 입력한다. SNS 계정은 가장 활동이 활발하고 대표적인 채널을 선택해 기재하자. 콘텐츠 수, 조회수, 팔로워 수가 많을수록 긍정적이다. 최근에는 콘텐츠의 주제와 정체성이 분명한 계정일수록 평가에 유리하다. 아울러 팔로워 수보다 콘텐츠의 질과 연속성, 주제 일관성이 훨씬 중요해지고 있다.

- 경력 및 활동사항

: 국민기자단 활동과 관련이 있을 법한 경력과 사항을 단체 명칭과 기간 위주로 작성한다. 만약 별다른 경험이 없다면 현재 진행 중인 블로그나 SNS 활동을 중심으로 솔직하게 써도 무방하다. 필자 역시 지원 당시 기자단 활동은 처음이라 현재 블로그 활동을 열심히 하고 있음을 강조했다.

- 수상 경력

: 여기에는 수상 명칭, 일자, 내용, 수여 기관과 단체 등을 기록하면 된다. 당연히 지원자 본인이 지원하는 분야와 연관성이 있어야 한다. 필자는 텍스트 분야로 지원하였기에 글쓰기와 관련된 수상 경력이면 될 것 같았다. 하지만 아무리 생각해 보아도 특별한 수상 경력이 기억나지 않았다. 그래서 그냥 공란으로 놓아두었다.

혹시 SNS 계정이 미흡하거나 국민기자단 경력이 부족하더라도 부담을 갖지 말자. 절대적으로 반영하는 게 아니라 그냥 참고하는 정도라고 생각하자. SNS 계정에 게시물이 상당하고 기자단 경력이 있다고 해서 서류심사를 꼭 통과한다는 보장은 없다. 지원자의 역량과 능력은 활동계획서와 창작 콘텐츠를 통해 결정적으로 검증된다.

활동계획서

활동계획서는 국민기자단 지원자에게 가장 중요한 문서라고 할 수 있다. 어떤 콘텐츠를 만들고 싶은지, 앞으로 어떻게 활동할 것인지를 통해 지원자의 성실성, 기획력, 콘텐츠 감각을 종합적으로 평가한다. 작성 사례를 통해 알아보자.

- 자기소개
: 자기소개는 짧지만 명료하게, 자신감 있는 어조로 작성하되 너무 형식적이거나 뻔한 표현은 피하자.

[예시] 대학에서 전기공학을 전공으로, 경영학을 복수전공으로 하는 재학생입니다. 또한 교내 신문사에서 편집기자로 활동하고 있습니다. 학교 내부에서 발생하는 다양한 이슈와 정보를 학생들에게 정확하고 신속하게 전달하고 있습니다. 로봇과 인공지능(AI) 분야에 관심이 많습니다. 주로 여행과 책을 좋아하고 글 쓰는 것을 즐기는 성격입니다.

- 지원동기
: 그 기관의 어떤 점이 마음을 끌었는지, 왜 기자단 활동을 하고 싶은

지를 구체적으로 써야 한다. 기관의 정책 방향, 주제 특성과 연결하면 더욱 신뢰감이 생긴다.

[예시] 로봇개발청은 대한민국 로봇 개발 산업의 총괄기관으로서 로봇산업 정책 수립, 로봇 개발의 발전적인 제도 수립 등 실로 다양한 활동을 통하여 로봇산업 성장 및 강화에 노력하고 있습니다. 따라서 로봇개발청의 국민에 대한 효과적인 홍보는 우리나라 로봇산업 발전을 위해서도 매우 중요하다고 생각합니다. 이는 제가 국민기자단으로 참여하고자 하는 이유이자 동기입니다.

- 관심 분야
: 기관이 운영 중인 정책이나 콘텐츠 중 본인의 관심사와 맞닿아 있는 부분을 소개한다. 막연하게 쓰기보다, 특정한 주제나 이슈를 언급하면 효과적이다.

[예시] 제 관심 분야는 당연히 로봇 개발과 관련된 로봇산업입니다. 따라서 로봇개발청의 여러 가지 제도와 다양한 정책 운용에 관심이 많습니다. 특히 로봇개발청이 우리나라 로봇산업 생태계 구축을 위하여 시행하는, 기업에 대한 각종 지원 정책의 발굴 및 개선에 주목하고 있습니다.

- 활동 계획

: 자신이 운영하는 블로그나 SNS 채널의 방향성과 연결해서 작성하면 좋다. 아울러 구체적인 기획 예시 1~2개 정도를 넣으면 훨씬 설득력 있다. '가능한 범위 내에서' 실현이 가능한 계획으로 써야 한다. 너무 이상적이면 오히려 감점 요소가 될 수 있다.

[예시] 기자로 활동하게 되면, '로봇 이용의 생활 속 팁'이라는 시리즈 콘텐츠를 제작해 공유하고자 합니다. 실제 사용자를 방문해 인터뷰형 블로그 포스팅을 월 1회 제작할 예정입니다.

창작 콘텐츠

창작 콘텐츠는 자신만의 창의성과 독창성을 그려 내야 한다. 다른 작품과 구별되는 독자적인 아이디어와 표현을 담고 있어야 바람직하다. 개성을 강조해 읽는 이로 하여금 새로운 경험을 선사할 수 있으면 더할 나위 없다.

작성할 때 주의해야 할 사항은, 다른 작품이나 저작물을 참고했다면 인용과 출처 표기를 해야 한다. 텍스트는 A4 한 장 분량의 기사나 칼럼 형태가 일반적이다. 실제 기사처럼 서론·본론·결론 구조로 쓰면 좋다. 너무 주관적인 글보다는 정보성 콘텐츠가 평가에 유리할 수 있다. 아울러 편집 기술에 치중하기보다 메시지 전달력과 진정성에 집중하는 게 바람직하다.

대체로 1개의 창작 콘텐츠를 요구하는 사례가 일반적이다. 주제는 지원자가 자유로 정하거나 기관에서 선정해 주기도 한다. 다음은 자유형의 일부 사례이다.

[예시] 제목: 숨은 강소기업을 찾는다! 로봇개발청의 명문기업 선정제도
로봇개발청은 로봇 개발의 중요성을 인식하여 '로봇 개발 명문기업' 선정제도를 올해 초 제정하여 운영하고 있습니다. 로봇 개발 명문기업이란, 기업이 경영의 다양한 분야에 로봇 시장 개척을 위한 연구개발비를 증가시킴으로써, 기업의 이윤 창출 및 경영 효율 증대에 로봇산업을 적극 활용하는 선도적 기업을 의미합니다. 로봇개발청은 엄격한 심사와 절차를 거쳐 로봇 개발 명문기업을 선정합니다. 기업의 연구개발 특성과 실제 적용 여부의 상관관계를 로봇개발청이 주도적으로 분석하여 그 정도를 과학적으로 측정합니다. 그에 따른 결과는 수치로 자료화되어 관련 업계의 로봇산업 투자 정도를 가늠하는 중요로 정보로 활용되고 데이터로 축적됩니다. 아울러 로봇개발청의 정책자금과 시설 투자 등을 집중적으로 지원합니다. 하지만, 아직도 제도 자체를 모르거나 정책의 사각지대에 있는 기업이 적지 않은 것이 현실입니다. 따라서 성공적인 '로봇 개발 명문기업' 홍보를 통해, 로봇 산업계 및 관련 업계 종사자들에게 제도의 필요성을 알리고자 합니다. (후략)

창작 콘텐츠 대신 지원자 SNS 계정에 등록된 콘텐츠를 요구(링크)하

기도 한다. 이때에는 가장 자신 있고 잘 작성된 작품을 선별해서 제출하면 된다.

개인정보수집·이용 동의서

　개인정보수집·이용 동의서는 기관이 개인정보를 수집하고 활용하기 위해 지원자로부터 제출받는 문서다. 이는 개인정보보호에 관한 법률이나 규정 등에 따라 개인정보를 처리하고 활용할 때 필요한 절차이다.

　행정기관이 개인정보의 수집, 이용, 제공, 보유 등과 관련된 내용을 명확하게 설명하고, 개인정보 주체(정보의 주인인 지원자)에게 동의받는 목적으로 작성된다. 기자단으로 활동하기 위해서는 개인정보수집·이용 동의서를 반드시 제출해야 한다.

＊＊＊

　이렇게 4가지 서류가 완성되면 기자단 지원의 기본 준비는 마무리된다. 작성하는 데 시간과 정성이 필요하다. 이러한 과정을 거쳐서 자신을 좀 더 이해하고, 국민기자로서의 시작을 다질 수 있는 계기가 된다.

05. 두근두근 서류 통과

처음 국민기자단에 지원하면 누구나 서류 작성의 벽 앞에서 멈칫하게 된다. 필자 역시 그랬다. 단순히 양이 많아서가 아니다. 처음 써 보는 형식에 낯설고, 나를 표현하는 문장을 짜내는 것도 쉬운 일이 아니기 때문이다. 시간도 제법 소요된다. 글 하나를 고치고 다시 붙들고, 수십 번 수정을 반복한다. 이렇게 지원 서류가 완성되면 해당 기관에 제출하면 된다.

제출 방식은 2가지다. 지원서 서류 일체를 내려(down)받아 작성 후에, 담당자에게 이메일로 보내는 방식이 있는가 하면 온라인을 통해 지원하는 방법도 있다. 온라인 지원은 포탈의 설문조사 플랫폼(네이버폼 또는 구글폼)을 사용하는 방식이다. 최근에 이런 방식을 활용하는 행정기관이 늘고 있다.

포탈의 플랫폼을 이용할 경우, 장점은 비교적 작성 양식이 간단하다는 점이다. 물론 지원서, 활동계획서, 창작 콘텐츠 등의 구성 방식은 크게 다르지 않다. 온라인 플랫폼은 편리하고 직관적이지만, 첨부파일 업로드 시 파일명, 형식(jpg, pdf 등)을 반드시 기관 공고에 맞춰야 한다.

　서류 지원은 제출 마감일을 넘기지 않도록 일정을 맞추고, 공고에 표시된 이메일 주소로 서류 일체를 발송하면 된다.

[예시] 이메일 발송

안녕하십니까? 담당자님.

이번 로봇개발청 국민기자단_텍스트 분야에 지원하는 홍길동이라고 합니다.

첨부와 같이 요청하신 지원 서류 일체를 보내 드리오니,

관련 업무에 참고하시기를 바랍니다.

감사합니다.

첨부: 지원서, 활동계획서, 창작 콘텐츠, 개인정보수집·이용 동의서

서류를 제출하고 나면 본격적으로 기다림이 시작된다. 합격 여부가 정해지는 시간이기에 초조함은 덤이다. 어떤 시험이든지 지원자가 느끼는 긴장감이란 크게 차이가 없다. 합격 통보는 지원서에 적혀 있는 본인의 스마트폰으로 개별 통보되거나, 해당 기관의 블로그 또는 홈페이지에 게시된다.

"떨어지면요?"

"보통 불합격자에게도 문자로 알려 주긴 해요. 그렇지 않을 땐 직접

홈페이지나 블로그에 들어가 확인해야겠죠."

"발표 시간은요?"

"빠르면 오전, 늦으면 오후까지 걸리더라고요."

"긴장이 많이 되나요? 작가님은 어땠어요?"

"별수 있나요? 저도 똑같죠."

필자도 발표 날을 잊을 수 없다. 오전 내내 별다른 연락이 없었다. 혹시나 하는 마음으로 로봇개발청 홈페이지와 블로그를 수시로 들락날락했다. 하지만 합격자 공고를 아무리 찾아보아도 눈에 띄지 않았다. 그렇게 예정되었던 1차 합격 발표일은 조용히 지나갔다. 다음 날 아침 필자는 모집공고에 나와 있는 홍보담당자 연락처로 전화했다.

"여보세요? 로봇개발청 맞나요?"

"네, 맞습니다."

"저, 이번 기자단에 지원했는데요. 혹시 1차 결과가 나왔을까요?"

"아, 죄송합니다. 지원자가 예년보다 2배 이상 많아서 결과 발표가 다음 주로 연기되었는데요, 오늘 중으로 문자 공지를 드릴 예정입니다."

"그렇군요. 감사합니다!"

마침내 1차 서류심사 결과 발표일이 다가왔고, 당일 오후에 합격 문자가 도착했다. 기대와 불안이 교차했던 시간이 지나고 나니 뿌듯함과

안도감이 동시에 밀려왔다. 첫 도전이었기에 기쁨은 더욱 컸다.

[예시] 1차 합격 통보 이메일
안녕하십니까? 로봇개발청 기자단 운영사무국입니다.
기자단 1차 서류심사에 합격하신 것을 축하드립니다!
2차 면접에 대한 자세한 장소 및 시간은 추후 메일을 통해 안내해 드리겠습니다.
추가 문의 사항은 꼭 070-0000-0000로 연락 부탁드립니다. 감사합니다.
기자단 운영사무국 드림

  합격의 기쁨을 뒤로하고, 나는 2차 면접 준비를 위해 다시 로봇개발청 블로그와 주요 포털을 찾아보기 시작했다. 인터넷 검색을 통해 앞선 기수의 면접 질문에 대한 정보를 찾기 위해서였다. 면접에 필요한 정보들을 사전에 확인해 두어야 충분하게 대비할 수 있다. '로봇개발청 기자단 면접 심사'라는 키워드 검색 후에 상당한 정보를 확보했다. 생각보다 많은 참고 자료가 곳곳에 올라와 있었다. 앞서 언급했던 바와 같이 지금은 정보가 없어서가 아니라 활용을 어떻게 하느냐가 중요한 시대다. 마지막까지 긍정적 결과를 위해 수집된 자료를 꼼꼼히 챙겨보았다. 이윽고 며칠 뒤, 이메일로 2차 면접 일정이 도착했다.

[예시] 2차 면접 일정 통보 이메일

제목: 국민기자단 2차 면접 일정 안내

보낸 사람: 로봇개발청 기자단 운영사무국 robot○○@naver.com

받는 사람: pen○○@naver.com

안녕하세요. 로봇개발청 기자단 운영사무국입니다.

아래 내용과 같이 2차 면접 일정을 안내하오니 확인하시고 면접 준비하시는 데 참고 부탁드립니다.

가. 일시: ○월 ○○일(면접자별 면접 시간 상이)

나. 방식: 화상회의 어플을 이용한 비대면 면접

심사(○분 내외)

※ 접속 링크는 추후 별도 문자로 공지 예정

지원자님 면접 시간은 오후 3시 15분입니다. 면접 시간 앞뒤로 15분~30분 정도 대기가 필요할 수 있습니다. 시작하기 전 15분 전까지, 줌(zoom) 대기실에 들어와 주시면 순서에 맞춰 면접이 진행됩니다.

***

당시 로봇개발청 면접은 비대면으로 진행되었다. 물론 오프라인에서 대면 면접을 시행하는 행정기관도 많다. 하지만 기관의 특성에 따라 여전히 온라인을 선호하는 사례도 적지 않다. 오프라인으로 진행되는 경우도 온라인과 크게 차이가 없다. 어느 방식이든 면접 시간에 늦지 않도록 유의해야 한다. 시간에 쫓기다 보면 서두르게 되고 서두르게 되면 실수할 확률이 높아지기 때문이다. 따라서 충분한 시간적 여유를 갖고 면접을 준비해야 한다. 적어도 20~30분 전에는 면접 장소에 도착하거나 온라인 장비 설치를 마쳐야 한다.

06. 슬기로운 면접 준비

면접은 자신을 진술하게 보여 주는 방향으로 접근하는 것이 중요하다. 면접을 준비하는 데 있어 핵심적으로 점검해야 할 몇 가지 요소가 있다.

지원서 리뷰

가장 먼저 할 일은 자신이 1차 서류심사 때 제출한 지원서를 다시 읽어 보는 것이다. 자기소개서, 지원동기, 활동 계획, 포부 등 주요 항목을 확인해야 한다. 면접관은 기본적으로 해당 서류를 바탕으로 질문을 준비하기 때문에, 제출한 내용과 실제 답변이 어긋난다면 신뢰도에 타격을 줄 수 있다.

만약 면접에서 "지원하신 동기에서 강조하신 ○○에 대해 좀 더 말씀해 주실 수 있나요?"라는 질문에 자신이 무슨 내용을 썼는지도 기억나지 않는다면 얼마나 당황스러운 일이겠는가?

기관 업무 숙지

지원하고자 하는 기관의 홈페이지를 방문해, 그 기관이 수행하는 주요 업무와 미션, 비전, 그리고 중점 추진 정책을 미리 파악해 두자.

비록 모든 세부 내용을 꿰뚫을 필요는 없지만, 최소한 기관의 성격과 활동 방향은 이해하고 있어야 면접관의 질문에 적절한 맥락으로 답할 수 있다.

또한, 자신이 관심 있는 정책이나 주력 사업이 있다면 사전에 간단히 정리해 두자. 면접에서 "본인이 관심 있는 정책이나 사업이 있나요?"라는 질문이 나왔을 때, 자신의 관심과 시각을 설득력 있게 드러낼 기회가 될 것이다.

이슈 사항 확인

최근 해당 기관이 다루고 있는 이슈나 사회적으로 주목받은 활동이 있다면, 반드시 체크해 두자. 이와 관련해 자신의 의견이나 제안을 덧붙일 수 있다면 더욱 좋다. 이는 단순한 정보 수용을 넘어, 지원자의 '정책 감각'과 '비판적 사고력'을 보여 줄 좋은 기회다.

예를 들어 "최근 기관 SNS에서 어떤 콘텐츠가 가장 인상 깊었나요?"라는 질문에 대해 "○○ 캠페인이 기억에 남는데, 저는 이를 시민 참여형으로 확장해 보면 좋을 것 같다고 생각했습니다"라고 답한다면, 면접관에게 깊은 인상을 남길 수 있다.

자기소개 연습

자기소개는 면접의 시작이자 전체 분위기를 좌우할 수 있는 핵심 요소다.

짧은 시간 안에 자신의 강점, 경험, 역량, 그리고 지원동기를 간결하면서도 효과적으로 전달할 수 있어야 한다. 따라서 자기소개를 준비할 땐 단순히 원고를 외우기보다는, 다양한 문맥에서 자연스럽게 말할 수 있도록 연습하자.

실전 대비로는 가족이나 친구 앞에서 말해 보거나, 동영상으로 자신을 녹화한 후 말투, 표정, 제스처 등을 점검해 보는 것이 도움이 된다. 이러한 과정은 면접 당일의 긴장을 줄이고 자신감을 높이는 데 매우 효과적이다.

***

면접에서는 보통 다음과 같은 질문들이 자주 등장한다. 필자 역시 실제 면접에서 거의 유사한 질문을 받았다.

- 자기소개 및 지원동기
- 기자단 활동 계획 및 방향
- 창작 콘텐츠로 작성한 기사에 관한 질문
- 최근 기관 SNS 콘텐츠 중 가장 기억에 남는 주제

- 본인이 선호하지 않는 주제로 기사를 작성해야 할 때 대처 방안

이 외에도, 면접관은 지원자의 활동 의지, 콘텐츠 제작 역량, 커뮤니케이션 능력, 협업 태도 등을 다각도로 평가한다. 흔히 거론되는 주요 심사 기준은 다음과 같다.

- 국민기자로서 필요한 능력 및 적격성
- 국민기자단 활동 계획의 구체성
- 국민기자로서 의지와 태도
- 국민기자단 활동에 대한 성실성

면접 시간은 보통 5~10분 이내이며, 면접관 2~3명과 개별로 또는 3~4명의 지원자와 함께 진행하는 그룹 면접 형태로 구성된다.

특히 온라인으로 면접이 진행되는 경우, 사전에 장비 상태를 철저히 점검하는 것이 매우 중요하다. 통신 환경, 카메라 위치, 마이크 음성 등을 미리 확인해 두지 않으면 면접 도중 예기치 못한 상황으로 난처해질 수 있다.

***

면접 심사 후 최종 합격 발표일까지는 다소 시간이 걸린다. 이때도

긴장과 초조로 시간은 더디게 지나간다. 1차 때와 마찬가지로 대부분 기관의 합격 통보는 문자로 지원자에게 전달된다.

[예시] 최종 합격 통보 메일
축하드립니다! 로봇개발청 기자단에 최종 합격하셨습니다.
국민기자단 활동을 함께하게 되어 기쁩니다.
자세한 내용은 다음 주 중 메일을 통해 안내해 드리겠습니다.
감사합니다.

모든 기관이 면접을 시행하는 것은 아니다. 일부 기관은 서류심사만으로 기자단을 선발하며, 이 경우 활동계획서 등의 완성도가 결정적인 평가 기준이 된다. 즉, 면접이 없더라도 자신의 진정성과 역량을 서류로 충분히 드러내야 한다는 뜻이다. 따라서 지원자가 제출하는 지원 서류가 선발에 상당한 비중으로 작용함을 기억하자.

"그래도 면접은 봐야 하는 것 아닌가요?"
"면접의 효과성에 대한 기관마다의 경험칙이 반영된 거죠."
"그게 무슨 말씀이죠?"
"면접 점수가 높은 사람이 활동을 잘할 수도 있지만, 그렇지 않은 사례도 있거든요. 반대의 경우도 있고요."
"그럴 수도 있겠네요."

"반드시 어떤 방식이 옳다거나 그르다고 할 수 없죠."

면접은 준비된 답을 말하는 자리가 아니다. 지원자가 가진 열정과 태도, 그리고 기관에 대한 이해와 콘텐츠 창작자로서 잠재력을 종합적으로 보여 주는 자리다. 따라서 '진정성 있게, 성실하게, 자신감 있게' 임하는 자세가 가장 중요한 대응 방법이다.

07. 오픈채팅방, 이렇게 운용된다

"작가님! 그런데 궁금한 게 운영사무국과 연락은 어떻게 주고받나요? 하루 이틀도 아니고 적어도 수개월 이상을 같이 일한다면서요."
"저도 처음엔 그게 궁금했어요. 기간도 기간이지만 더구나 기자가 한두 명도 아니잖아요."
"듣고 보니 그것도 그렇네요. 어떤 방법이 있나요?"
"오픈채팅방과 카페를 운영해요."
"오픈채팅방과 카페를요?"
"기자단으로 최종 합격하고 나면 오픈채팅방과 카페에 가입해 달라는 요청 문자가 날아오죠."

오픈채팅방의 역할과 기능은 무엇일까? 최종 합격 통보가 이루어지고 나면 기자단 오픈채팅방(이하 '채팅방'라고 한다)에 가입 또는 접속해 달라는 안내 문자를 받게 된다. 채팅방은 운영사무국과 기자단을 이어 주는 소통 창구로 활동 기간 내내 가동된다.

채팅방은 카카오톡 메신저 앱에서 제공되는 그룹 채팅 기능으로, 여러 사람과 쉽게 대화하고 신속하게 정보를 공유할 수 있다. 따라서 풍부한 대화와 정보 교환이 가능하다. 간단히 말해 채팅방은 국민기자단이 취재 활동을 원활하게 수행할 수 있도록 각종 요청사항 접수 및 해결 등을 위한 커뮤니케이션 공간이다.

[예시] 가입 요청 메일

안녕하세요? 기자단 운영사무국입니다.

다시 한번 최종 선발을 진심으로 축하드립니다!

국민기자단 여러분과의 소통을 위하여 오픈채팅방을 개설하였습니다.

링크: https://open.kakao.com/good○○luck

입장 코드: 123○○456

카카오톡 프로필은 본인의 이름으로 등록 바랍니다.

기자단분들께서는 이번 주 오전 10시까지 입장을 부탁드립니다.

추후 발대식 및 주요 공지가 이루어질 예정입니다.

문의 사항은 운영사무국으로 연락 바랍니다.

감사합니다.

채팅방은 텍스트 메시지는 물론 사진, 영상 등 다양한 멀티미디어 자료를 손쉽게 주고받을 수 있다. 이를 통해 기자단 활동에 필요한 공지사항 전달, 기사 작성 안내, 일정 조율, 질의응답 등 여러 업무가 간편하고 신속하게 처리된다. 단순한 소통 수단을 넘어, 채팅방은 실질적으로 기자단 활동의 '허브' 역할을 하며, 활동 중에 발생할 수 있는 여러 상황에 대한 피드백과 문제 해결의 중심 통로가 된다.

***

채팅방에서는 다양한 실무적 안내가 수시로 이루어진다. 주요 전달 사례는 다음과 같다.

[예시] 모집 공지

안녕하세요! 로봇개발청 기자단 운영사무국입니다.

로봇 연구개발 및 인공지능 예측강화 대응 포럼 취재 공지가 잠시 후 17시에 기자단 카페에 올라갈 예정입니다.

이번 포럼 취재는 ○월 ○일 수요일 오후에 세종시에서 진행될 예정인데요.

포럼 취재 시 교통비가 지급될 예정이오니 적극적인 참여 부탁드립니다!

교통비 제공은 활동 매뉴얼에 명시된 기준으로 지급됩니다.

참여자는 선착순으로 3명만 선정할 계획인데요!

참여가 확정된 이후 일방적으로 취소하시면, 다음번 취재 참여가 어려울 수 있으니 신중하게 신청해 주세요.

덧붙여 3명의 인원이 모두 찼더라도 현장취재에 참여하고 싶은 분은 댓글을 삭제하지 말아 주세요.

이번에 참여하지 못하더라도 다음 기회에 우선 연락드릴 예정입니다.
그럼 많은 신청 부탁드립니다! 감사합니다.

[예시] 기사 작성 독려
안녕하세요! 로봇개발청 기자단 운영사무국입니다.
8월 기사 제출일이 이미 지났습니다.
아직 기사를 제출하지 못한 기자분들이 계시는데요,
아무래도 시험 기간이 겹쳐 다소 지연된 것으로 보입니다.
이번 주중으로 기사 작성을 완료하셔서
기자단 카페에 업로드해 주시길 부탁드립니다.
오늘부터 장마가 시작된다고 하네요.
건강 유의하시고, 기사도 멋지게 부탁드리겠습니다.
감사합니다.

[예시] 이벤트 및 캠페인 공지
안녕하세요! 기자님들 모두 잘 지내고 계시지요?
로봇개발청은 최근 첨단형 전투로봇 개발과 관련해 바쁜 일정을 보내고 있습니다.
저희 청에서는 '인간과 로봇' 주제로 사진·영상 공모전을 개최하고 있는데요.
국민투표로 대상을 선정하는 방식으로 진행됩니다.

투표 마감일이 이번 주로 다가왔습니다.

기자님들의 적극적인 홍보와 참여를 부탁드립니다.

모바일에서도 간편하게 참여하실 수 있어요. 감사합니다.

[예시] 설문조사 참여 요청

안녕하세요! 로봇개발청 기자단 운영사무국입니다.

기자단 카페 게시판과 문자를 통해 이미 공지드린 바와 같이, 로봇개발청은 인공지능 관련 용어의 대중화 및 개선을 위해 기자님들의 의견을 청취하는 설문조사를 진행하고 있습니다.

모든 기자님의 의견이 매우 소중합니다.

설문에 응답하신 분들에게는 추첨을 통해 소정의 상품도 드릴 예정입니다.

바쁘시더라도 짧은 시간 투자해 주시고, 설문 참여를 꼭 부탁드립니다.

자세한 내용은 기자단 카페에서도 확인하실 수 있습니다. 감사합니다.

[예시] 기타 공유사항

기자님들 안녕하세요! 기자단 운영사무국입니다.

행사나 전시회처럼 일정이 정해져 있는 아이템은 시기가 무엇보다 중요합니다.

따라서 취재 후에는 가급적 빠르게 원고를 작성하여 기자단 카페에 업로드해 주시기를 요청합니다.

늦어도 4~5일 이내에는 업로드를 완료해 주시기를 바랍니다.

만약 불가피한 사정이 있다면 운영사무국에 미리 별도로 연락해 주세요.

감사합니다.

"채팅방이 정말 다양한 용도로 활용되는군요."

"기자단 활동에 있어서는 꼭 필요한 온라인 도구죠."

"설명하신 대로 웬만한 과정은 다 여기서 해결되는 구조 같아요?"

"5가지를 예로 들었지만, 이외에도 다양한 공지와 교류가 계속 이어져요."

"채팅방은 그렇다 치고 기자단 카페는 어떤 용도로 이용되나요?"

"여러 기능이 있지만, 가장 핵심적인 건 콘텐츠에 대한 피드백이죠."

08. 기자단 카페 가입하기

채팅방 등록이 완료된 후에는 카페에도 가입해야 한다. 카페 가입 안내 역시 채팅방을 통해 공지된다.

"카페에서는 어떤 걸 하나요?"
"기자단 활동의 중심이 되는 또 하나의 공간이 바로 카페예요."

카페는 국민기자단의 공식 커뮤니티 플랫폼으로, 콘텐츠 제작과 활동 전반에 필요한 자료와 공지사항이 집중적으로 공유되는 온라인 장소이다. 기자단에 최종 선발된 후, 채팅방을 통해 카페 가입 안내 메시지를 받게 된다.

[예시] 공지 사항 안내
안녕하세요! 기자단 운영사무국입니다.
몇 가지 공지 사항 안내해 드립니다.

- 기자단 카페가 개설되었습니다.

https://cafe.naver.com/○○master

위 링크를 통하거나, 함께 공유해 드리는 매뉴얼 숙지 후 가입 부탁드립니다.

가입 시 '1기_홍길동(실명)' 형식으로 신청해 주시고, 이미 가입하신 분들도 닉네임을 해당 형식에 맞게 수정해 주세요.

이번 달 말까지 모두 가입을 완료해 주시기를 바랍니다.

카페에는 각종 자료 및 공지사항이 수시로 게시됩니다.

반드시 가입해 주시고, 다음 달 기사 작성 공지도 확인 부탁드립니다.

- 지난주 개최된 발대식은 대면 행사로 진행이 되었습니다. 코로나 확산 방지를 위해 참가자 여러분의 건강 상태를 일주일간 관찰하고자 합니다. 건강 이상 시 즉시 운영사무국에 연락 바랍니다.

- 발대식 참가 시 지출하신 교통비를 정산해 드리고자 합니다.

첨부된 '교통비 지출증빙 내역서' 양식을 참고하시어 네이버폼(http://naver.me/master○○)으로 제출해 주세요.

* * *

카페는 기자단 활동 전반을 아우르는 온라인 거점 공간으로, 기사 작성부터 콘텐츠 등록, 피드백, 비용 정산에 이르기까지 모든 실무가 이곳을 통해 이루어진다. 일부 정보는 채팅방과 중복되기도 하지만, 카페는 좀 더 체계적이고 장기적인 자료 관리와 의사소통에 특화되어 있다. 카페에선 다음과 같은 사항들을 중점적으로 다룬다.

- 콘텐츠 제작 가이드 및 참고 자료 공유
- 월별 주제 및 기사 방향 안내
- 기획안·초안·최종안 제출 및 피드백 제공
- 취재비 및 교통비 관련 서식 제공 및 정산
- 우수 기자 발표, 미션 공지 등 주요 일정 공지

이처럼 카페는 기자단과 운영사무국이 '기록'과 '기획'을 기반으로 유기적으로 협업하는 창구라 할 수 있다. 즉 콘텐츠 생산과 관련된 전 과정을 체계적으로 지원하는 플랫폼이다.

"모든 활동이 카페를 통해서 진행된다고 생각하면 되겠네요?"
"카페뿐만 아니라 채팅방도 포함된다고 봐야지요."
"아! 그렇죠."
"그래서 카페와 채팅방을 자주 확인해야 해요. 본인이 챙기지 못해서 놓치게 되는 정보도 종종 있거든요."
"무엇보다 콘텐츠를 카페에 등록한다는 게 의외군요?"
"그렇지요. 더 정확히는 콘텐츠와 관련된 전체 과정, 즉 준비에서부터 제작까지 모든 절차가 카페에서 이루어진다고 이해하면 돼요."

카페는 행정기관의 특성에 따라 항목이 다소 달라질 수 있지만, 보통 다음과 같은 코너(게시판)로 구성되어 있다.

공지사항

기자단 운영과 관련한 핵심 공지가 게시되는 코너다. 월별 주제, 우수 기자 발표, 활동비 지급 안내 등 중요한 일정과 정보가 공유된다.

기획안 제출

기사나 콘텐츠의 아이디어를 사전에 제출하는 공간이다. 제출 시에는 제공된 양식에 따라 작성해야 한다. 운영사무국은 기획안에 대해 댓글을 통해 피드백을 제공한다.

콘텐츠 제출

기획안이 승인되면 실제 콘텐츠를 업로드하는 코너다. 완성본은 블로그 게시 전 이곳에 등록되며, 수정 및 보완이 필요한 경우 운영사무국이 피드백을 남긴다. 최종적으로 승인을 받은 콘텐츠만 블로그 게시가 가능하다.

기타 자료실

콘텐츠 제작에 필요한 자료와 각종 신청 서식을 내려받을 수 있는 공간이다.

- 기획안 서식(영상/텍스트용)
- 교통비 증빙서(자차/대중교통용)
- 취재 협조 요청서 양식 등

    채팅방과 카페의 가입 절차는 비교적 간단하며, 사용하는 데에도 큰 어려움은 없다. 하지만 기자단 활동이 처음인 경우, 익숙해지기까지 다소 시간이 걸릴 수 있다. 참고로 밴드를 함께 운용하는 기관도 있다.

    무엇보다 기관마다 운영 방식이 달라, 매뉴얼과 공지사항을 꼼꼼히 읽고 따라가는 것이 중요하다. 모든 기관이 채팅방과 카페를 운영하는 것은 아니다. 일부 기관에서는 이메일, 문자, 전화 등으로 커뮤니케이션을 대신하는 사례도 있다. 기관별 운영 방식에 적응하는 것이 활동의 첫걸음이라 할 수 있다.

    앞서 설명한 채팅방과 카페 시스템은 기자단이 활동을 원활히 수행할 수 있도록 돕는 핵심 인프라다. 자료 확인, 콘텐츠 제출, 일정 조율, 피드백 수령까지 모두 이들 플랫폼에서 가능해, '기자단의 온라인 본부'라고 해도 지나치지 않다.

09. 발대식 참석은 필수

K는 몇 번의 도전 끝에 에너지자원부(설명을 돕기 위한 가상의 행정기관이다) 국민기자단에 최종 합격했다. 예상보다 빠르게 좋은 결과를 얻게 되어 무척 기뻤다. 필자의 조언이 도움이 되었을 수도 있었지만, 무엇보다 K 본인의 노력과 준비가 있었기에 가능했던 일이다. 아무리 훌륭한 충고도 수용자가 적극적으로 받아들여야 효과가 있다. 조언은 단지 조언일 뿐이다. 그것을 실제로 받아들이고 행동에 옮기는 건 온전히 K의 몫이었다.

"작가님! 발대식이 열린다고 카톡에 연락이 왔어요. 그날 선약이 있는데 어떡하죠?"
"진짜 중요한 약속이 아니라면 발대식에 참석하는 게 좋아요."
"발대식이 그렇게 중요한 행사인가요?"
"그럼요."
"왜요?"

"기자들이 한자리에 모두 모여, 앞으로 1년간의 기자단 활동 방향을 공유하고 공감대를 형성하는 자리니까요."

"그래요? 그렇다면 일정을 조정해야겠네요."

"아마도 그게 나을 거예요."

최종 합격 통보를 받은 이후에는, 다음과 같은 발대식 참석 안내 공지를 받게 된다. 이는 기자단 공식 활동의 첫 단추로서, 매우 중요한 시작을 알리는 절차이기도 하다.

[예시] 발대식 개최 공지

안녕하세요? 기자단 여러분!

발대식 관련 공지 사항을 전달해 드립니다.

- 일시: 202○년 ○월 ○일 오후 3시~5시

- 장소: 에너지자원부 1층 대강당

- 1시 30분까지 ○○역에 집결하여 단체 셔틀버스를 통해 청사로 이동할 예정입니다.

- 고속버스, 기차, KTX, SRT, 비행기, 자가용 주유비 등 교통비는 실비로 지급됩니다(지급은 영수증 증빙 확인 후 처리됩니다).

- 참석 여부 및 교통편 관련 내용은 아래 링크(https://naver.me/master○○123)를 통해 회신 부탁드립니다.

- 회신 기한: 202○년 ○월 ○일까지

- 안내 사항
  - 발대식 현장에서 위촉장 및 활동 관련 물품이 배부될 예정입니다. 불참자에 한해서는 개별적으로 배송할 계획입니다.
  - 발대식 참석 후기는 기자단의 첫 공식 콘텐츠로 요청을 드릴 예정입니다.
  - 행사장 입장 시 신분증(주민등록증 또는 운전면허증)을 지참해 주세요. 신분증 사본 및 기타 증명서는 인정되지 않습니다.

발대식 행사는 일반적으로 해당 행정기관 청사 내 강당에서 진행되며, 기관 사정이나 여건에 따라 외부 행사장으로 장소가 변경되기도 한다.

실제로 코로나 확산 시기에는 대면 접촉을 최소화하기 위해 외부 강당이나 오픈형 회의실 등에서 행사를 진행하기도 했다.

필자 역시 첫 기자단 발대식에 참가해 긴장과 설렘이 공존하는 특별한 경험을 한 바 있다. 낯선 얼굴들 사이에서 한 명의 기자로 소개되고, 해당 기관의 주요 정책과 업무를 직접 들을 수 있는 귀중한 시간이었다.

특히, 해당 기관장이 직접 위촉장을 수여하는 장면은 기자단으로서의 책임감과 자긍심을 깊이 각인하는 순간이었다. 발대식은 단순한 의례가 아닌, 소속감을 확고히 하고 기자단의 본격적인 출발을 선언하는 상징적인 행사라 할 수 있다.

***

"발대식 분위기는 어땠어요?"

"작가님 말씀대로 다른 동료 기자들과 함께할 수 있어서 좋았고, 대변인실 담당자분들도 만날 수 있어서 괜찮았어요."

"거봐요. 제 말이 맞죠? 다른 건 또 없었어요?"

"에너지자원 정책에 대해 담당자께서 핵심만 콕콕 짚어 설명해 주셔서 이해가 쉽더라고요."

"그건 기자단의 역할이 그만큼 중요하다는 의미죠. 기자단 운영계획에 대한 설명도 있었나요?"

"그 부분도 자료에 포함돼 있었어요. 그런데 처음 보는 용어들이 많아서 그런지 좀 어렵더라고요."

"K가 처음이라 그래요. 걱정하지 말아요. 시간이 지나면 하나씩 익숙해질 거예요."

"그래도 작가님이 많이 도와주셔야죠."

발대식은 단지 형식적인 첫 만남이 아니라, 앞으로의 활동에 대한 방향을 이해하고 기자로서 책임감을 확인하는 자리다. 그리고 발대식에서 경험하는 크고 작은 순간과 기억들이 1년 동안 기자단 활동에 대한 동기를 더해 준다.

참고로, 발대식 참석 후 작성하는 후기가 공식적인 '첫 콘텐츠'가 되는 경우가 많다. 따라서 행사 중 메모를 남기거나 사진을 잘 정리해 두는 것이 콘텐츠 작성에 큰 도움이 된다. 부득이한 사정으로 불참한 때에는 주제가 다르게 부여되며, 일정에 따라 온라인 영상 시청 후 후기를 작성해야 하는 사례도 있다. 기관에 따라서는 2~3명의 지원자를 미리 선정해 진행하기도 한다.

10. 첫 행사 참여 후기

　발대식 행사 규모와 프로그램 구성은 해당 행정기관의 여건과 상황에 따라 천차만별이다. 기관장이나 대변인실, 또는 담당자가 정책 홍보에 얼마나 관심을 두고 있느냐에 따라 행사 분위기나 구성의 깊이도 달라진다.
　앞서 언급했던 것처럼 기관장이 직접 참석하는 경우가 일반적이지만, 부득이한 사정으로 인해 불참하는 경우도 있다. 아예 발대식 자체를 생략하거나 온라인으로 대체하는 사례도 있다. 코로나 시기에 그랬다. 또 예기치 못한 상황으로 인해 행사 일정이나 내용이 급작스럽게 변경되기도 한다.
　그럼에도 발대식은 기자단이 처음 참여하는 공식 행사인 만큼, 기관에서는 많은 관심과 준비를 거쳐 마련한다. 필자가 K에게 발대식 참석을 강조했던 이유다. 아울러 전체 인원이 한자리에 모여 기자단 운영 계획, 콘텐츠 작성 방식, 활동 규칙 등을 공유하는 흔치 않은 기회이다. 일반적으로 다음과 같은 프로그램으로 구성된다.

운영진 소개

기자단뿐 아니라 대변인실, 운영사무국, 실무 담당자들도 발대식을 통해 기자들과 처음 얼굴을 마주하게 된다. 간단한 자기소개와 함께 환영 인사를 전하는 시간이다. 기자단이 한자리에 모두 모이는 일은 흔치 않다. 그래서 발대식을 더욱 의미 있게 기억하는 기자들이 많다. 참고로 해단식도 전체 인원이 모이는 자리지만, 실제로는 참석률이 저조한 편이다.

위촉장 수여식

보통 기자 한 명이 기자단 전체를 대표해 받지만, 기관에 따라 전원이 차례대로 한 명씩 위촉장을 받기도 한다. 기념 촬영도 함께 이루어진다. 위촉장에는 '귀하를 ○○기관 제○기 국민기자단 기자로 위촉합니다'와 같은 문구가 포함된다. 여기에는 위촉 기간도 명시되어 있다. 위촉장을 받는 순간부터 정식 기자단으로서의 신분이 공식화된다.

업무 및 정책 소개

해당 기관이 수행하는 주요 업무, 추진 중인 정책, 중장기 계획 등에 대한 설명이 이루어진다. 보통 대변인실 또는 홍보부서 담당자가 직접 발표하며, 이해를 돕기 위해 영상자료나 슬라이드를 활용하기도 한다. 특히 국민과의 소통을 어떻게 강화해 왔는지, 향후 어떤 방향으로 나아갈 것인지에 대한 방침을 공유한다. 이러한 정책과 방침 등은 기자단의 콘텐츠 방향과도 직결된다.

운영 매뉴얼 안내

기자단 활동의 실질적인 지침이 공개되는 시간이다. 콘텐츠 유형(텍스트·영상·카드뉴스 등), 월별 제출 일정, 적정 분량, 출처 명시 기준, 플랫폼 등록 방식 등 실무적인 사항이 안내된다. 또한, 저작권 준수, 품위 유지, 콘텐츠 중복 방지, 활동 평가 방식 등에 대한 설명도 포함된다. 이러한 내용은 기자단 활동 전체를 관통하는 핵심 기준이기 때문에 반드시 집중해서 들어야 한다.

발대식 후 카페에 안내자료가 업로드되긴 하지만, 현장에서 듣는 것과 문서로 접하는 것에는 차이가 있다.

역량 강화 특강

글쓰기나 콘텐츠 제작을 주제로 외부 강사 초청 특강이 진행되기도 한다. 블로그 운영, 영상 콘텐츠 편집, 사진 촬영 기법, 카드뉴스 구성 등 실무에 직접적인 도움이 되는 내용이 주를 이룬다. 특히 경험 많은 선배 기자의 특강 또는 강의와 실습을 병행하는 때도 있어, 기자단 초보자에겐 매우 유익한 시간이다.

기념사진 촬영 및 행사 종료

행사는 단체 기념 촬영으로 마무리된다. 단체 사진은 언론사 보도자료나 기관 홍보물에 활용된다. 또한 운영사무국은 단체복, 기념 굿즈, 기자증, 명함 등의 물품을 지급한다. 이러한 모든 요소가 기자단으로서의 소속감과 책임감을 심어 주는 상징적 장치들이다.

발대식 행사 과정을 기자단 홍보용 영상으로 촬영하기도 한다. 촬영된 영상은 해당 기관의 SNS나 유튜브 채널에 업로드되어 국민과의 소통 수단으로 활용된다.

"발대식이 단순한 환영식이 아니라, 기자단 활동 전체를 준비하는 '시작의 무대'네요."

"맞아요. 첫 단추를 어떻게 끼우느냐가 중요하죠."

"그래서 반드시 참석하라고 말씀하신 거군요."

"특히 K처럼 기자단을 처음 시작한 사람에게는 필수죠. 참! 발대식 기사도 작성했겠네요?"

"네, 아주 힘들게 마무리했어요."

"어디 한번 봅시다."

다음은 K가 발대식에 참석한 후 작성한 첫 기사 콘텐츠다.

[예시] "함께 시작하는 우리의 이야기, 국민기자단 발대식 현장에서"

기다리던 에너지자원부 기자단 발대식이 드디어 열렸습니다.

행사 당일, 현장은 기대와 설렘으로 가득했습니다.

발대식은 ○월 ○일 오후 ○시, 에너지자원부 본청 대강당에서 개최되었습니다.

테이블 위에는 기자 명함, 행사 일정표, 설명자료가 깔끔히 정리되어 있었습니다.

처음 받는 기자 명함과 기자증은, 마치 진짜 '기자'가 된 듯한 자긍심을 느끼게 해 주었습니다.

이날 행사에는 에너지자원부 장관님도 참석해 기자단 한 명, 한 명과 인사를 나누며 따뜻한 분위기를 이끌어 주셨습니다.

장관님은 "에너지자원 정책은 국민의 삶에 밀접한 영향을 미치는 중요한 분야"라며, "기자단의 역할이 그 어느 때보다 중요하다"라고 강조하셨습니다.

이어 위촉장 수여식이 진행되었고, 기자단 모두가 진심으로 새로운 출발을 함께 축하해 주었습니다.

케이크 커팅과 오찬 시간까지 이어진 1부는 감동과 기쁨이 함께한 시간이었습니다.

휴식 시간에는 홍보 영상 촬영도 있었습니다. 저는 직접 영상 인터뷰에 참여해 기자로서의 포부를 밝히는 시간을 가졌고, 그 장면은 이후 에너지자원부의 공식 SNS에 게시되었습니다.

2부 프로그램에서는 기자단 실무 안내가 본격적으로 진행되었습니다.
에너지자원부의 조직과 주요 정책을 시작으로, 콘텐츠 작성 기준, 제출 일정, 활동 평가 방식 등 실무적인 사항이 차례대로 소개되었습니다.

특히 기관이 올해 역점을 두고 추진할 에너지 관련 정책들은 향후 콘텐츠 기획의 중심이 될 내용이라 집중해서 들었습니다.

마지막으로 질의응답 시간을 통해 궁금했던 사항을 해소한 뒤, 단체 기념 촬영을 끝으로 발대식은 성황리에 마무리되었습니다.

기자단으로서의 첫걸음을 공식적으로 내딛는 자리, 모두가 함께할 수 있어 참으로 뜻깊었습니다. 앞으로 에너지자원 정책을 국민의 눈높이에 맞게 전달하는 데 기여할 수 있도록, 최선을 다하겠습니다.

***

발대식은 단순한 참석 행사가 아니라 기자단의 정체성을 심고, 활동에 필요한 실무를 익히며, 동료들과의 네트워크를 다지는 실질적인 출발점이다. 그래서 어떤 약속보다 우선해서 참여하는 것이 바람직하다.

4부

국민기자단 활동 A to Z

1장. 7단계 프로세스

2장. 단계별 주요 내용

3장. 역량교육과 팸투어

4장. 해단식, 1년을 마무리하는 시간

1장

7단계 프로세스

"발대식 기사를 작성하는 데 힘들지 않았어요?"

"말도 마세요. 기사 수정만 서너 번 넘게 한 것 같아요."

"그 정도면 초보자치고는 대단한데요."

"작가님도 처음에 그러셨나요?"

"그나마 발대식 취재는 수월한 편에 속해요. 참고 자료라든지, 사진이나 이미지 확보 때문에 크게 고민할 필요가 없잖아요. 그냥 기사만 쓰면 되니까요."

"말씀대로 기사에 사용한 사진은 운영사무국에서 제공해 주더라고요. 저도 물론 현장에서 촬영하긴 했지만요."

"무엇보다 '기사 소재 찾기'에 대한 부담감이 없다는 게, 현장취재의 가장 큰 장점이에요. K도 얼마 있으면 알게 될 거예요. 하하."

"기사 소재 찾기라… 그런데 콘텐츠가 최종적으로 완성되어 기관의 공식 블로그에 올라가기까지는 시간이 얼마나 걸리나요?"

"그건 개인의 작업 속도에 따라 다르겠죠?"

"걸리는 시간은 다를 수 있더라도, 절차만이라도 알 수 있을까요?"

"대략 7단계 정도 되겠네요."

"네? 7단계씩이나요?"

모든 행정기관의 국민기자단은 체계적인 절차에 따라 콘텐츠를 제작하고 관리한다. K가 가장 궁금해했던 것도 바로 '기사 하나가 어떻게 완성되고 세상에 나오는가?'에 대한 과정이다.

기자들은 매월 정해진 시기에 콘텐츠 기획안을 작성하여 기자단 카페에 게시한다. 이후 운영사무국이 기획안의 주제를 검토한 뒤, 댓글을 통해 피드백을 전달한다. 피드백은 △ 중복성(이미 유사한 주제를 다른 기자가 다루고 있지는 않은지), △ 대중성(많은 국민이 공감하고 이해할 수 있는 내용인지), △ 적정성(해당 기관의 성격과 맞는 주제인지), △ 시의성(지금 시점에서 다루기에 적절한 주제인지) 등의 기준에 따라 이루어진다.

운영사무국은 이러한 기준에 따라 '기획안 승인', 또는 '주제 수정·변경' 등의 피드백을 전달한다. 기획안이 반려될 경우, 기자는 지적받은 내용을 반영해 다시 기획안을 작성하고 재심사를 요청해야 한다. 때로는 이러한 과정이 두세 번 반복되기도 한다. 최종 승인이 이루어져야 비로소 기사 작성이 가능하다.

***

취재된 콘텐츠가 기획에서부터 피드백을 거쳐, 최종적으로 업로드되기까지 △ 기획안 제출 △ 기획안 검토 △ 콘텐츠 제작 △ 콘텐츠 제출 △ 콘텐츠 검토 △ 블로그 공식 게재 △ 활동비 지급 총 7단계를 통과하게 된다. 텍스트 기사 콘텐츠를 사례로 살펴보자.

- 1단계 기획안 제출: 기자는 매월 초, 취재할 주제에 대한 기획안을

카페에 올린다. 기획안에는 기사 제목, 주제 선정 이유, 구성 목차, 취재 대상 등을 포함한다.
- 2단계 검토 및 피드백: 운영사무국이 기획안을 검토하고, 승인 여부나 보완 요청을 댓글로 전달한다. 이때 주제의 적절성이나 중복 여부, 기사 방향성에 대해 조율이 이루어진다.
- 3단계 콘텐츠 제작: 승인된 기획안을 바탕으로 기자는 기사를 본격적으로 작성한다. 현장 사진, 인터뷰 내용, 기관 자료 등을 정리하며 기사 형태로 구성한다.
- 4단계 완성 콘텐츠 제출: 작성한 완성본을 기자단 카페 내 '콘텐츠 제출' 게시판에 업로드한다. 제출 방법은 카페에 파일로 등록하거나 직접 작성하는 등 2가지 방식이 일반적이다.
- 5단계 검토 및 수정: 운영사무국이 기사의 문맥, 맞춤법, 표현, 자료 출처 등을 검토하여 수정 요청을 전달한다. 필요한 경우 제목, 문단 구조, 문장 표현 등에 대한 구체적 피드백이 주어진다. 기자는 피드백을 반영하여 최종 원고를 다시 제출한다.
- 6단계 공식 블로그 게재: 수정 완료된 콘텐츠는 기관의 공식 블로그에 '작성자 이름' 또는 '기자단 명의'로 게시된다. 이때 기자의 블로그 주소나 프로필이 함께 소개되기도 한다.
- 7단계 활동비 지급: 기사 게재가 확인되면, 해당 콘텐츠에 대해 소정의 활동비가 지급된다. 활동비는 매월 정산되며, 제출한 기사 완성도와 활동 평가에 따라 차등이 있을 수 있다.

"생각보다 꼼꼼하고 정교하네요."

"그렇죠? 단순히 기사 하나 쓰고 끝나는 게 아니라, 콘텐츠가 정책 홍보의 하나로 활용되기 때문에 공신력과 완성도를 중요하게 생각해요."

"초보자로서는 좀 어렵게 느껴질 수도 있겠네요."

"맞아요. 처음엔 시행착오가 많아요. 하지만 한두 번 반복하다 보면 금방 익숙해지죠."

기자단 콘텐츠는 단지 개인 블로그용이 아닌, 기관의 정책을 국민들에게 쉽게 알리고, 참여를 끌어내는 공공 콘텐츠다. 그만큼 단어 하나, 문장 하나도 허투루 쓸 수 없으며, 체계적이고 품격 있게 다듬는 작업이 필요하다.

하지만 반대로, 그 과정을 거치며 기자 개인의 글쓰기 실력, 기획력, 정보 해석 능력은 놀라울 만큼 성장하게 된다. 그래서 국민기자로 활동했던 많은 사람들이 "힘들지만 값진 경험이었다"라고 말하는 것이다. 자! 이제 그러면 단계별 내용을 좀 더 자세히 알아보자.

2장

단계별 주요 내용

01. 기획안 제출, 기획안 작성이 기사의 시작

정식 콘텐츠를 작성하기 전에 어떤 콘텐츠를 제작할 것인지에 관한 계획서를 제출하는 단계다. 즉, 취재기획서를 만들어 기자단 카페에 등록해야 한다.

기획서 또는 계획서를 작성할 때 주의해야 사항들이 있다. 가장 많은 인원이 활동하는 텍스트기자를 중심으로 알아보자.

먼저 취재의 주제와 목적을 명확하게 설정해야 한다. 어떤 이슈나 사건을 다룰 것인지를 결정하고, 주제의 성격에 따라 어떤 인물(또는 단체나 행사)을 대상으로 취재할 것인지 선택한다. 때에 따라 현장 탐방이나 인터뷰 대상자도 염두에 둬야 한다. 이후 진행할 취재의 목표를 설정하고, 이를 위해 필요한 정보와 자료를 구체적으로 기술해야 한다.

주제와 목표 설정이 완료되면 자료 수집 방법을 계획한다. 인터뷰, 현장 조사, 문헌 조사 등의 방법을 판단해 자료 수집 일정과 절차를 수립한다. 이를 통해 취재 작업의 소요 일정과 동선이 대략 그려질 수 있다. 기획안은 필요한 자원과 시간을 충분히 고려해 작성해야 한다. 여기에는 수집한 자료를 어떻게 분석하고 구성할 것인지에 관한 검토 시간도 포함된다. 가능하면 취재 기사의 구조와 내용도 미리 계획해 보는 게 바람직하다.

제목과 시작 문단은 취재 기사의 핵심으로 눈길을 끄는 리드(lead) 문장으로 작성하는 게 효과적이다. 첫 문장에서 독자들의 관심과 흥미를 최대한 유도해야 하기 때문이다. 아울러 다른 콘텐츠와 차별화된 뉴스 가치와 독창성을 내용 전반에 녹여내면 더할 나위 없다. 이를 위해서는 새로운 관점이나 정보를 어떻게 제공할 것인지 항상 고민해야 한다. 그리고 취재 과정에서 인터뷰 대상자의 동의 등 개인정보와 이용자료에 대한 출처 표기도 반드시 기억해 두자. 이러한 사항들을 기반으로 취재기획서를 작성하면 보다 효과적이고 전문적인 기획서를 완성할 수 있다.

***

취재기획서를 작성하는 방식은 개인마다 다르다. 꼼꼼하게 정확하게 서술하는 사람이 있는가 하면 반면에 간략하게 요점 위주로 제출하는 이도 있다. 양쪽 모두 장단점이 있다. 시간을 들여 기획서를 세밀하게 작성하면, 콘텐츠 제작 단계에서 투자되는 시간이 상대적으로 줄어든다. 이와 반대로 짧은 시간에 기획서를 만들면 나중에 콘텐츠 완성에 상당한 시간이 소모된다. 각자의 취향에 따라 취사선택하면 된다.

"작가님! 취재기획안을 제출하라고 하는데, 이거 너무 막막한데요?"

"주제를 정해 주지 않는가 보군요?"

"기자들이 알아서 하라고 하던데요? 그렇지 않은 사례도 있나요?"

"기관마다 다 달라요. K 같은 경우는 자유로이 주제를 선정하는 방식인 것 같네요. 그러면 그렇게 해야죠."

"어디서부터 손을 대야 할까요?"

"우선은 기관 홈페이지나 공식 블로그를 방문해서 취재 소재를 탐색해 보는 게 좋아요. 제가 저번에도 말씀드렸던 것 같은데."

"맞다! 그랬죠."

"특히 블로그를 참고하시는 게 좋아요. 기존 선배 기자들이 작성한 기사 중에서 K가 관심 있는 분야의 소재가 있는지를 확인해 보세요."

"저는 우주자원 개발 조직에 관해서 취재하고 싶어요."

"그러면 블로그에서 관련된 기사를 찾아보면 되겠네요."

취재기획서 서식이나 운영 방법은 기관마다 모두 달라 일률적으로 말할 수 없다. 가장 중요한 사항은 취재 주제를 선정하는 방식이다. 크게 기자 스스로 자유롭게 선정하는 방법과 기관에서 지정해 주는 방식으로 구분된다. 또는 두 방식을 혼용하는 사례도 있다.

기관 지정 방식은 콘텐츠 주제를 매월 기자단 카페에 공지한다. 제출 기한을 포함하여 계획안 제출 방법과 관련된 세부적인 사항도 함께 게시된다. 공지사항이 변경되거나 특이 사항 발생 시에는 채팅방을 통해 기자단 전체에 전달된다.

별도 서식이 없는 기관도 있다. 제목을 포함해 주제 정도만 간략하게 제출하는 방식이다. 대체로 취재기획서에는 제목, 주제, 배경, 일정, 요청 사항 등이 포함된다. 주요 항목과 관련된 핵심 내용을 정리하면 다음과 같다.

제목

제목은 독자가 호기심이 갈 만한 것으로 정하는 것이 좋다. 즉 독자가 클릭할 만큼 유혹적인(?) 문구로 제목을 만들면 최상이다. 기사를 포함한 콘텐츠는 독자에게 재미와 유익함을 함께 주어야 한다. 따라서 재미와 유익함이 반영된 제목이라면 합격이다. 둘 다 포함된 것이라면 최상이지만, 하나만 선택한다면 당연히 유익함이다.

주제

주제 선정은 앞서 설명한 바와 같이 자유형과 지정형, 2개 방식으로 구분할 수 있다. 자유형은 기자 스스로 자유롭게 취재 주제를 선정하는 방법이다. 반면에 지정형은 행정기관이나 운영사무국에서 특정 주제를 매번 정해서 공지하는 형식이다. 그리고 혼합형도 있다. 자유형과 지정형이 섞여 있는 하이브리드 방식이다. 마지막으로 자유형, 지정형, 혼합형이 혼용되어 운용되는 종합형이 있다.

- 자유형: 기자가 관심 있는 분야를 마음대로 기사화할 수 있는 장점이 있다. 반면에 일정 기간이 지나면 소재거리가 바닥이 나기 쉽다.
- 지정형: 매월 소재거리를 찾아야 하는 부담감이 없다는 이점이 있다. 하지만 기자의 독창적인 기사 발굴을 기대하기가 어렵다는 게 약점이다.
- 혼합형: 주제를 구체화하지 않고 큰 틀만 제시한다. 예를 들면 '로봇 개발 트렌드 또는 연관된 콘텐츠'라는 주제를 제시하면 틀 안에서 기자가 자유롭게 주제를 선택하여 작성하는 방식이다.
- 종합형: 3가지 방식이 섞여 있는 경우다. 행정기관에 따라서는 기자단을 조별로 운영하기도 한다. 이때에는 개인 미션과 조별 미션이 부여된다. 개인 미션은 자유형, 조별 미션은 지정형 또는 혼합형으로 운용된다.

유형

기획취재와 현장취재, 2가지 형태로 나눌 수 있다. 기획취재는 기관의 홈페이지 등에서 주요 정책 등을 발굴하여 정보를 제공하거나 제도를 소개하고, 현장취재는 축제나 행사 등 외부에서 진행되는 생생한 모습을 취재하여 콘텐츠를 완성한다.

- 기획취재: 기관의 홈페이지나 보도자료, 학술 논문 등 온라인상에서 주요 정책과 연관된 이슈나 사례 등을 발굴하여 콘텐츠를 생산

한다.
- 현장취재: 기관의 주요 이벤트나 행사가 외부에서 진행될 때 직접 방문하여 현장 분위기를 콘텐츠로 제작한다.

장소와 일시

기획취재의 경우에는 주로 기관의 홈페이지나 언론의 보도자료 등을 이용하기 때문에 크게 의미가 없다. 하지만, 현장 방문 취재의 경우에는 외부 행사의 개최 일자와 시간 그리고 장소 등이 특정되어 있어 행사 일정을 사전에 확인하는 것이 중요하다. 아울러 행사의 성격에 따라 참석자의 범위까지 미리 알아 두면 취재에 많은 도움이 된다.

콘텐츠 형식

형식은 텍스트형, 카드뉴스형, 웹툰형, 영상형 등이 있다. 주로 텍스트는 블로그에, 카드뉴스와 웹툰은 블로그와 인스타그램에 그리고 영상은 유튜브에 올라간다. 최근에는 블로그 한곳에 텍스트와 카드뉴스, 웹툰 등 다양한 형식의 콘텐츠가 업로드되기도 한다. 인스타그램과 페이스북도 마찬가지다.

내용 구성

콘텐츠의 유형에 따라 특성을 살려 작성하면 된다. 구성 형식의 정해진 규칙은 따로 없다. 텍스트 기사 작성의 경우에는 대체로 서론, 본론,

결론 형식을 기관에서 요구한다. 무엇보다 블로그 기사라는 특성을 반영한 결과다. 일반 보도기사처럼 너무 단순해도 바람직하지 않지만 길거나 장황한 분량도 적당하지 않다. 또한 학술 논문처럼 딱딱해도 적절하지 않다. 인터뷰 기사의 경우에는 묻고 답하는 대화 방식으로도 구성할 수 있다.

정보의 출처

제작된 콘텐츠가 해당 기관의 공식 블로그에 등록되는 관계로 기사 작성에 참고한 정보 출처는 매우 민감하고 중요하다. 따라서 기획 단계에서부터 참고할 자료 등을 꼼꼼히 정리해 두어야 한다. 자료 검색이나 정보 활용을 통해 발굴한 기록이나 문서는 반드시 출처를 기록하자. 시간을 효율적으로 사용하기 위해서도 꼭 필요한 습관이다.

건의 및 협조 사항

콘텐츠를 제작하는 데 필요한 자료나 정보를 기관의 홈페이지 등에서 도저히 찾을 수 없을 때 대변인실 담당자에게 요청하는 항목이다. 특히 행사장 입장 또는 산하기관 등 현장 방문 시에 지원 사항을 사전에 계획안에 반영해야 나중에 낭패를 보지 않는다. 이외에도 취재 과정 중에 경험을 바탕으로 개선이 필요한 부분에 대한 보완 사항을 요청할 수도 있다.

취재계획서상의 주요 항목작성이 완료되면 카페에 등록하면 된다.

기한은 운영사무국에서 별도로 정한다. 일정을 지키지 못하면 성과 평가에서 불이익을 주는 기관도 있다.

"어떻게 계획안 작성은 끝냈어요?"
"생각보다 간단치 않은데요?"
"당연하죠. 익숙해지기까지는 시간이 필요하죠."
"작가님 말씀을 들으니 그나마 위안이 되네요."
"경험상 제목이 가장 중요하더라고요. 일단 방향을 잡아야 모든 게 순조롭잖아요."
"근데 여태 제목을 정하지 못하고 있거든요."

K는 한참을 고민하다 '우주자원을 책임진다, 행성탐사개발단'으로 제목을 정했다. 말 그대로 계획안이니까 언제든지 변경할 수도 있고 아니면 끝까지 제목을 고수할 수도 있다. 다음은 앞의 8가지 항목을 반영하여 K가 작성한 텍스트 기사의 계획안 사례다.

[예시] 제목: 우주자원을 책임진다, 행성탐사개발단
- 주제: 국내 유일의 우주자원 전문조직인 '탐사개발단'을 통해 국민에게 올바른 정보 전달
- 취재 유형: 기획취재
- 취재장소/일시: 해당 없음

- 콘텐츠 형식: 텍스트(글 + 사진)
- 내용 구성(서론+본론+결론)
  - 서론: 우주자원 개발에서 행성 탐사의 중요성 강조
  - 본론: 탐사개발단의 기능, 임무, 협력체계 소개
  - 결론: 우주자원 확보 경쟁 속 대한민국의 전략적 위치와 탐사개발단의 미래 역할 강조
- 참고자료 및 출처
  - 에너지자원개발부 조직 및 규정
  - 공식 블로그 및 보도자료 링크 등
- 건의 및 협조사항
  - 홈페이지 기반 취재 예정, 특별한 요청 없음
  - 추가자료 필요시 별도 연락 예정

"야! 이 정도 기획안이면 아주 대단한데요."

"작가님 칭찬은 고마운데요, 문제는 두 건을 제출해야 한다는 사실이 더 끔찍합니다."

"K가 아직 몰랐군요. 대부분 기관은 매월 기사 2건이 기본이에요."

"다행히 지난번 발대식 후기 기사가 있어서 이번 달은 채웠는데요. 다음 달이 벌써 걱정됩니다."

"그때 걱정은 그때 가서 하죠. 우선은 기획안부터 제출합시다."

02. 기획안 검토, 한 번에 통과하는 법

"기획안 카페에 올렸나요?"

"아니요, 아직이요."

"왜요?"

"다른 사람들이 올리는 걸 좀 보고 하려고요."

"K가 작성한 기획안이면 완성도가 높은 편인데, 그냥 업로드하지 그래요?"

"그래도 처음이라 분위기를 파악하고 올리려고요."

기획안을 처음 제출할 때의 막막함은 누구나 겪는다. 특히 다른 사람들의 계획안에 달린 피드백 과정을 보고 있자면, '괜히 섣불리 올렸다가 반려라도 되면 어쩌나?' 하는 걱정이 앞서기 마련이다. 기획안 검토는 운영사무국이 기자가 업로드한 계획서를 확인하고, 콘텐츠 방향을 조율하는 절차다. 말하자면 기사 제작의 첫 관문이자 공식적인 첫 평가 단계인 셈이다. 처음부터 통과되면 수월하지만, 수정 요청이나 반려 통보를 받으면 심리적 부담이 커진다. 특히 같은 주제로 몇 차례나 반려되면 '기자단 활동을 계속할 수 있나?' 하는 회의감이 들 수도 있다. 그렇다면 피드백 과정에는 어떤 내용들이 발생할까? 다음은 실제 기획안 댓글 피드백의 주요 유형들이다.

[예시] 피드백 유형

- 기관 관련성
: 주제가 로봇개발청이 추진하는 정책 방향과는 맞지 않는 것 같습니다. 반려하겠습니다.

- 용어의 선정
: 안녕하세요, 기자님! 워낙 전문적인 분야인 만큼, 가능한 일반인도 이해할 수 있는 용어를 사용하여 기사 작성 부탁드립니다!

- 범위의 적정성
: 기획안 작성하시느라 고생 많으셨습니다. 그런데 로봇개발청 업무를 한꺼번에 소개하기에는 범위가 너무 방대합니다. 특정 조직이나 부서에 초점을 맞추어 기사를 작성해 보시는 건 어떠세요? 이 주제를 제작하고 싶으시다면 기획안 작성 다시 부탁드릴게요. 감사합니다.

- 주제 적합성
: 기획안을 무척 꼼꼼히 작성해 주셨네요. 그런데 AI 로봇 개발 사례만을 직접 소개하기보다는 민간업체와 협업의 중요성을 서술하시고 이에 따라 연구개발 투자에 적극적인 정부 지원의 필요성을 설명하는 게 나을

것 같습니다. 기자님, 의견은 어떠세요?

- 내용의 충실성

: 안녕하세요! 기자님. AI 로봇 개발이 왜 필요한지, 언제부터 시작되었는지 설명 추가도 부탁드려요. 이 부분 관련 내용을 보완해 주시고, 팩트 체크를 위하여 참고하신 논문이나 자료 모두 첨부해 주세요.

- 출처의 정확성

: 제출하신 내용 대부분이 참고문헌에서 대부분 확인할 수 있기는 한데요. 다만 로봇과 인공지능 간의 연계 부분은 찾을 수가 없네요. 관련 내용을 추가로 보완해 주신다면 승인해 드리겠습니다. 조건부 승인에 동의하신다면 기사 진행해 주세요.

- 기한 준수 여부

: 기자님! 올려 주신 기획안 잘 보았습니다. 어려운 주제인데 쉽게 풀어 써 주셨네요. 참고 자료 모두 첨부해 주세요. 그런데 기사 마감이 이번 주까지인데, 기한 내에 가능할까요?

- 기타

: 요청하신 내용은 로봇개발청 홈페이지에서 확인하실 수 있습니다. 로봇개발청과 그 소속기관 시행규칙, 직제규정도 마찬가지입니다. 혹시 더 필요한 자료 있으시면 언제든지 문의해 주세요.

***

기획안 검토 단계는 기자단 활동에서 '가장 중요한 첫 단추'이자, 가장 많은 의견 교환과 협의가 이뤄지는 과정이다. 당황하지 말고, 성실하게 대응하면 된다. 수정해 나가는 과정 자체가 기자로서 성장하는 좋은 훈련이다. 다음은 K가 제출한 '우주자원을 책임진다, 행성탐사개발단'의 기획안 통과의 주요 피드백 과정이다.

(운영사무국) 안녕하세요. 기자님!
우주자원 개발에 관한 주제로 기획안을 작성해 주셔서 감사합니다. 그런데 행성탐사개발단은 그 범위가 너무 방대하다고 판단됩니다. 계획안으로 봐서는 우주자원의 전반적인 연구개발 현황을 소개하는 것으로 느껴지는데요. 그래서 드리는 말씀입니다. 우주자원의 개발 필요성을 언급하고 전체를 다루기보다는 행성 하나를 특정하여 개발단의 기능과 역할을 소개하면 낫지 않을까 싶은데요.
댓글로 의견 부탁드립니다.

(K) 담당자님! 주신 의견은 잘 보았습니다.
그런데 특정 행성을 목적으로 꾸려진 개발단이 있는지 궁금합니다.
사전에 자료조사를 해 보았지만 찾을 수 없었습니다.
만약 있다면 담당자님께서 말씀하신 방향대로 진행해도 무방할 것 같습니다. 감사합니다.

(운영사무국) 안녕하세요. 기자님!
기자님이 지적하신 대로 현재는 해당 조직이 없습니다.

하지만 최근 조직개편을 통해 달 탐사와 관련된 개발조직이 조만간 출범할 예정입니다.

신설된 조직 홍보와 함께 우주자원 개발의 필요성과 중요성을 이번 기자님의 기사에 같이 다루었으면 합니다. 어떠신지요?

(K) 담당자님! 저는 찬성입니다. 다만 기사 작성에 필요한 자료는 제공해 주셨으면 좋겠네요. 고맙습니다.

(운영사무국) 물론이죠. 기자님! 그렇다면 제목을 수정하시는 게 더 좋을 것 같다는 생각입니다.

우주자원 개발 전체에 방점을 두는 게 아니라 달 탐사 개발조직 위주로 바꾸면 어떨까, 싶습니다. 제목을 적절한 문구로 수정 부탁드리고, 필요하신 자료가 어떤 것들인지 댓글로 부탁드리겠습니다. 수고 많으셨습니다.

(K) 네! 알겠습니다.

"기획안은 어떻게 되었어요?"

"어제 조건부로 통과됐어요."

"조건부요?"

"네, 제목과 내용을 일부 조정하는 걸로 정리했어요."

"그럼, 이제 기사를 쓰는 거네요?"

"아직 최종 승인 댓글이 안 달려서요. 대기 중이에요."

"다른 기자들 기획안 수정도 많나 보군요."

"거의 댓글이 2~3개는 기본으로 달려 있더라고요."

"작가님도 처음에는 쉽지 않으셨죠?"

"그럼요. 네 번이나 반려 당한 적도 있었어요. 진짜 멘붕이었죠."

기획안은 단순히 '기사 예고'가 아니라, 해당 기관의 공식 블로그에 올라갈 정책 콘텐츠의 기초 설계도다. 운영사무국은 해당 설계도가 정책 방향과 부합하는지, 표현은 적절한지, 정보 출처는 명확한지 등을 다각도로 검토한다. 예민한 사안이 포함되어 있다면, 기사와 관련된 해당 부서의 최종 확인까지 필요하다. 그만큼 기획안이 완성되기까지 몇 차례 피드백과 협의가 이어지는 건 자연스러운 절차다. 때로는 카톡, 전화 통화 등으로도 의견 교환이 이뤄진다.

다음은 전화로 이루어졌던 필자와 운영사무국 사이의 피드백 경험이다. 당시 필자가 제출했던 'K-로봇 개발 우수 사례, 아시아를 넘어 세계 속으로'의 기획안에 대한 운영사무국 승인이 늦어져 직접 전화로 확인했던 사례다.

(필자) 안녕하세요?
지난주에 제출한 'K-로봇 개발 우수 사례' 기획안 승인 여부 확인차 연락 드렸습니다.
(운영사무국) 네! 기자님. 요청하신 기획안을 최대한 반영하려 했는데요, 국제협력부서 쪽에서 자료 협조가 어렵다는 견해네요.
(필자) 결국 반려인가요?

(운영사무국) 네, 불가로 판단됐습니다. 내용 자체는 좋았지만, 내부에서 동의가 이루어지지 않았습니다.

(필자) 알겠습니다. 주제를 바꿔서 다시 제출하겠습니다. 대신 피드백은 빠르게 부탁드릴게요.

(운영사무국) 물론이죠.

***

기획안이 반려되는 사유는 소재 발굴의 어려움과 관련이 깊다. 특히 주제 선정이 자유 방식으로 진행될 경우, 더욱 빈번하다. 기자단 활동 초반에는 아이디어에 대한 부담이 없지만, 활동 중반이 넘어가면 차츰 소재 고갈에 맞닥뜨리게 된다. 이는 모든 기자가 겪는 똑같은 고민이다.

따라서 소재를 찾아내는 나름의 노력이 필요하다. 예를 들어 언론에 보도된 기사를 통해 관련 이슈 및 정책을 확인하거나 연구 자료나 논문들을 활용해 새로운 이론이나 주장을 접하는 것도 기사 작성에 도움이 된다. 그리고 주변 사람과 일상의 대화를 통해 관련 힌트를 얻을 수 있다. 동일 사항을 전혀 새로운 관점에서 접근하고 고민하는 노력도 소재 발굴에 보탬이 된다. 소재 발굴을 위한 주요 소스(source)를 소개하면 다음과 같다.

행정기관의 공식 홈페이지

흔히 누리집이라고 말한다. 여기에는 기관소개, 주요 업무, 알림 및 소식, 자료실 등이 카테고리별로 잘 정리되어 있다. 소재를 발굴할 수 있는 최적의 장소이다. 하지만 소재를 국민의 눈높이에 맞게 콘텐츠로 만들기 위해서는 기자 스스로 공부가 필요하다. 기관 설립의 취지와 기능과 역할, 현재 추진 중인 여러 정책, 기존의 실적과 성과 등을 잘 숙지해야 한다. 본인도 이해하지 못한 내용을 다른 사람에게 전달하기란 불가능하기 때문이다.

직속 기관 등의 홈페이지

소속기관과 산하기관에 대한 홍보는 상대적으로 활성화되어 있지 않는 경우가 많다. 그래서 일반 국민 대부분이 모르는 사례가 흔하다. 이곳만 제대로 분석해도 다양한 소재를 찾아낼 수 있다. 해당 사이트는 기관의 홈페이지에 공개되어 바로 확인할 수 있다. 다만 주의할 점은 소속기관 등에서도 기자단을 운영하고 있는지 먼저 확인해 보기를 추천한다. 만약 그렇다면 소재 중복으로 채택이 쉽지 않다.

언론기사나 뉴스

주로 화제가 되는 내용이 방송 매체나 인터넷 뉴스로 보도되는 사례가 많다. 즉 사회적으로 주목받는 정책이 언론에 의해 기사화된다. 이를 모티브로 해당 정책에 대한 배경과 성과 등을 하나의 콘텐츠로 만들어 강조하는 것도 방법이 될 수 있다. 부정적인 내용보다는 긍정적인 뉴스가 대상이다.

기관의 공식 행사

각종 세미나, 공청회, 토론회, 시상식 등 기관의 주요 행사에 참석하여 현장 모습을 콘텐츠에 담아내는 방식이다. 의외로 행정기관의 외부 행사는 다양하고 정기적으로 열리는 이벤트가 많다. 모든 행사에 참가할 수는 없겠지만, 본인에게 기회가 주어지는 경우 적극적으로 참여하는 게 바람직하다. 소재 발굴이라는 추가 고민을 덜어 주는 대표적 사례다.

논문 또는 통계 수치나 자료

기관과 관련된 정책 논문이나 통계 등을 분석해서 소재로 활용할 수 있다. 전문적인 내용이 많아 주로 전공자들이 활용할 수 있는 방법이다. 그렇다고 비전공자라고 해서 마냥 불리한 것만은 아니다. 비전공자의 시각으로 바라보는 정책이 오히려 일반 국민에게 쉽게 다가갈 수도 있다.

일상생활에서 찾기

생활 주변에서 해당 기관의 정책이 실제로 적용되는 사례를 찾아 소재로 이용할 수 있다. 기자단을 운영하는 취지와 가장 적합한 방법이다. 이를 위해서는 일반 국민의 관점에서 현상을 바라보고 주변을 살피는 습관이 필요하다.

03. 콘텐츠 제작, 어떻게 시작할까

"와! 드디어 기획안이 통과됐어요."
"축하드려요!"
"작가님 도움이 컸죠. 그런데 이게 축하까지 받을 일인가요?"
"그럼요. 첫 관문을 통과하는 게 얼마나 중요한데요."

세 번째는 콘텐츠 제작이 본격적으로 시작되는 단계다. 전체 과정 중에 가장 하이라이트가 되는 시점이다. 기획안 제출 시 운영사무국과 협의한 내용을 토대로 콘텐츠를 제작한다. 앞에서 이야기했던 것처럼 콘텐츠는 기관 홈페이지, 보도자료, 통계 수치 등 충분한 논거를 기반으로 한 내용으로 만들어야 한다. 또한 콘텐츠를 제작하다 보면 주관적 견해가 자연스럽게 반영되기도 하는데 이는 바람직스럽지 않다. 되도록 사실(fact)에 근거한 중립적 글쓰기를 하기 위한 노력이 필요하다.

그리고 일부 주제의 경우 전공자가 아니면 이해하기 어려운 내용이 포함될 수 있다. 이때는 국민의 관점에서 누가 봐도 이해하기 쉽게 전문용어를 도표, 사진, 그림 등을 활용하여 서술하는 것도 하나의 방법이 될 수 있다.

저작권이 없는 사진이나 이미지 자료는 무료 제공 사이트 등을 통해 사용할 수 있다. 유료 사이트를 통해 사진을 검색해 기사 작성 시 캡처본과 번호를 입력하면 운영사무국에서 도움을 주는 행정기관도 있다. 콘텐츠를 제작할 때 일반적으로 유의해야 할 사항을 정리하면 다음과 같다.

주제는 당연히 해당 기관에 관한 것이어야 한다

주제에서 벗어나는 글과 사진, 영상은 모두 인정되지 않는다. 주제와 무관한 본인의 생각과 감정을 콘텐츠에 반영하는 것도 금지된다.

중복게재는 불가하다

다른 기관이나 매체 또는 개인 블로그에 있는 기존 자료를 그대로 가져오는 것은 허용되지 않는다. 그 반대의 경우도 마찬가지다. 예를 들어 로봇개발청 SNS에 게재된 기사는 기자 블로그 외 다른 매체에 중복하여 게재할 수 없으며, 기자 블로그 게재 시에도 공유만 가능하다.

출처는 반드시 표기해야 한다

콘텐츠 제작을 위해 부득이하게 타인의 글을 인용할 경우, 저작권자의 허락을 받거나 출처를 정확하게 명기해야 한다. 단, 신문 기사 및 출판 도서의 일부분 등 공표된 저작물에 대해서는 인용이 허용되나, 이때에도 전문이 아닌 일부분을 인용하여야 하며 반드시 출처를 밝혀야 한다. 타인 또는 다른 기관의 글을 출처 없이 무단으로 인용하고 도용해서는 안 된다.

사진은 직접 촬영이 원칙이다

사진 등의 이미지 사용은 본인이 직접 촬영한 것을 기본으로 한다. 단, 직접 촬영이 어려운 경우에는 반드시 저작권자의 허가를 받고, 그 출처를 밝혀야 한다. 사진의 경우 특정 인물의 초상권 침해와 관련되므로 각별한 주의가 필요하다. 촬영 전 사전 동의가 필수이다. 상당히 예민한 이슈로 요즘엔 불특정 다수의 인물도 얼굴 모자이크가 일반적인 흐름이다. 사진은 화질, 초점, 수평 확인도 중요하다. 글의 내용과 무관한 사진과 이미지는 인정되지 않는다.

정치와 종교 그리고 상업적 내용은 금지된다

정치와 종교 그리고 상업적 내용의 콘텐츠는 절대적으로 피하는 것이 좋다. 국민을 대상으로 하는 공공기관의 특성과 배치되기 때문이다. 그리고 아주 특별한 사유가 없다면 개인적 친분이 반영된 콘텐츠 제작도 자제하는 것이 바람직하다.

표준어와 경어체가 기준이다

되도록 표준어와 경어체를 사용해야 한다. 비표준어(ㅎㅎ, ㅋㅋ, ~용, 반말 등)와 사투리는 사용하지 않는 것이 좋다. 맞춤법도 전문적인 검사기를 통해 제작이 완료되기 전에 최종적으로 확인해 보기를 추천한다.

글자와 사진 수, 영상 길이를 준수하자

기관마다 요구하는 글자와 사진 수, 영상 길이가 정해져 있다. 텍스트 기사를 예로 들면 글자 수는 1,000자 내외 그리고 사진 수는 8장 이상 이런 식이다. 당연히 해당 제작 기준을 준수해야 한다.

시기도 고려하자

시기에 맞지 않는 제작물도 인정되지 않는다. 극단적인 사례로 여름을 이야기하면서 겨울과 관련된 글과 사진 등을 사용한다면 어떻겠는가? 그리고 행사나 기념식 같은 현장취재는 일정 기간이 지나면 콘텐츠로서 가치가 떨어진다. 따라서 정해진 기간 내 발행되어야 한다.

이처럼 콘텐츠를 제작하면서 주의해야 할 사항이 적지 않다. 생각보다 어렵다. 왜 그럴까? 기자단이 생산하는 모든 콘텐츠는 행정기관의 공신력과 직결되기 때문이다. 그래서 특정한 기준 없이 아무렇게나 제작될 수가 없다. 기자가 완성한 콘텐츠는 그 기관의 신뢰도와 인지도에 어떤 식으로든 영향을 미칠 수밖에 없다. 그래서 콘텐츠 제작이 어렵고 까다롭다.

***

기자단이 제작하는 콘텐츠 유형도 다양하다. 크게 형식, 내용, 취재 장소라는 3가지 기준으로 구분할 수 있다.

형식에 따른 유형

형식에는 기사(텍스트)형, 카드뉴스(사진)형, 웹툰형, 영상형 등이 있다. 이들의 일반적인 제작 기준을 살펴보면 다음과 같다.

- 기사(텍스트)형
  - 분량: 내용 A4 ○글자 이상, 사진 첨부 ○장 이상
  - 구성: 직접 촬영한 사진 원칙, 하단에 설명 내용 삽입
  - 기타: 부득이한 경우는 무료 사진 공유 사이트 이미지 사용
- 카드뉴스형(사진형)
  - 분량: 표지 제외 ○컷 이상(○○픽셀 이상), 사진 첨부 ○장 이상
  - 구성: 특별한 제한 없음. 직접 촬영한 사진 활용 원칙
  - 기타: 기관에서 제공한 표준 양식과 서식 사용

- 웹툰형
  - 분량: 표지 포함 ○장(정사각형)
  - 구성: 특별한 제한 없음.
  - 기타: 필요시 기관 공식 캐릭터나 이미지 사용 가능
- 영상형
  - 분량: ○분 ○초 이상, ○분 이내
  - 구성: 브이로그(V-log) 등 주제에 맞게 제작
  - 기타: 제목, 행사 내용 등 자막 첨부 필수

내용에 따른 유형

내용에 따라 정보제공형, 제도소개형, 이슈형, 시리즈형 등 4가지로 구분할 수 있다. 정보제공형은 정책과 집행에 관한 주요 정보를 독자에게 제공하는 것이다. 제도소개형은 해당 기관이 시행하는 각종 제도와 사업을 소개하는 방식이다. 이슈형은 특정 시기의 시의성 있는 주제를 다루는 형식이고 시리즈형은 특정한 주제와 소재를 가지고 연재 방식으로 게재하는 것이다. 그런데 이러한 유형들은 하나로 딱 떨어지기보다는, 혼합 형태로 구성되는 경우가 많다.

- 정보제공형
  - 취지: 말 그대로 독자에게 유익한 정보제공을 목적으로 한다.
  - 제목(예시): '로봇과 공존하는 삶, 하나 되는 지구', 로봇의 날을

기념하다!
- 내용: '로봇의 날'이 어떤 기념일인지를 알려 주는 자료와 정보로 콘텐츠가 만들어진다.

- 제도소개형
  - 취지: 해당 기관이 역점을 두고 추진 중인 정책이나 사업을 소개한다.
  - 제목(예시): 전투로봇 활용 제도, 변경된 병력 배치…무엇이 어떻게 달라졌나?
  - 내용: '전투로봇 활용제도'에 대한 소개와 더불어 변경된 군(軍) 병력 정책 운용 중심으로 콘텐츠가 구성된다.

- 이슈형
  - 취지: 현재 사회적으로 논의되는 이슈를 콘텐츠로 다룬다.
  - 제목(예시): 탄소중립 및 기후위기 극복을 위한 로봇 활용 제안
  - 내용: 세계적 이슈인 탄소중립 및 기후위기 극복을 위한 로봇 활용 방법과 법적 근거 필요성 등을 소개한다.

- 시리즈형
  - 취지: 정보 제공이나 제도 소개 등을 일정 기간 연재물 형식으로 제작한다.
  - 제목(예시): 로봇개발청, 직속 기관 7곳… 얼마나 알고 계십니까?(1)
  - 내용: 단발성 또는 일회성으로 끝나지 않고 연재 형식으로 일정

기간에 걸쳐 관련 내용이 작성된다.

취재 장소에 따른 유형

취재 장소를 기준으로 기획취재형과 현장방문형으로 구분할 수 있다. 기획취재는 온·오프라인에서 소재를 발굴하여 콘텐츠를 만드는 것이고, 현장방문은 말 그대로 현장을 직접 방문하여 생생한 현장의 모습을 독자에게 전달하는 것이다. 상대적으로 기획취재는 온라인 자료를 중심으로 콘텐츠가 생성되는 사례가 흔하고 현장방문은 해당 기관의 공식 행사 즉 토론회, 간담회, 전시회, 포럼, 시상식 등을 대상으로 하는 경우가 많다.

- 기획취재형

【장점】
- 주제 선정이 자유롭다. 국민기자가 관심이 있거나 주목하는 분야를 채택해 콘텐츠를 만들 수 있다. 물론 행정기관이 주제를 지정해 주는 경우는 적용되지 않는다.
- 비교적 마감 기한이 여유롭다. 마감일 전까지는 기자가 임의대로 기한을 조정할 수 있다. 기획안 제출부터 콘텐츠 제작 완료일까지 본인의 의도대로 가능하다.
- 스케줄 조정이 가능하다. 마감 기한을 확정했다손 치더라도 예상 밖의 일이 발생하면 운영사무국과 협의하여 일정 조율을 할

수 있다.
- 시공간의 제약이 따로 없다. 주로 온라인 중심의 자료 확보로 언제 어디서든지 태블릿이나 노트북만 있으면 콘텐츠 제작이 가능하다.

【단점】
- 기획안 채택이 불확실하다. 취재기획안을 제출한다고 해서 반드시 채택된다는 보장은 없다. 주제 선정은 자유롭지만, 모든 주제가 채택되지는 않는다.
- 사진과 이미지 확보가 쉽지 않다. 텍스트 콘텐츠의 경우, 글은 온라인상의 자료를 중심으로 커버할 수 있지만 글의 성격에 맞는 사진과 이미지를 찾기가 의외로 까다롭다.
- 소재 확보가 어렵다. 콘텐츠를 제작해 갈수록 소재 고갈에 직면하게 된다. 보는 관점에 따라서는 콘텐츠 제작보다 소재 발굴이 더 어렵다.
- 포기할 가능성이 크다. 주제 선정과 마감 기한이 자유롭지만, 역으로 쉽게 제작을 포기하거나 중단할 확률이 높다. 개인의 급박한 일정과 맞물려 있을 때 흔히들 나타나는 현상이다.

- 현장방문형
【장점】
- 기획안은 백 프로(100%) 채택된다. 사전에 현장취재 지원자를

카페나 채팅방을 통해 모집하고 확정하기 때문이다. 선정 기준을 별도로 운용하고 있는 곳도 있지만, 선착순으로 결정되는 사례가 많다.

- 사진과 이미지 확보에 고민할 필요가 없다. 현장의 사진을 그대로 사용하면 되기 때문이다.
- 소재 발굴에 신경 쓰지 않아도 된다. 따라서 소재 확보에 시간을 할애할 필요가 없다. 토론회, 간담회, 포럼, 시상식 등 행사 자체가 하나의 글감 재료이다.
- 다양한 경험을 할 수 있다. 특히 현장의 생동감을 체험할 수 있다. 대부분 행사는 해당 기관이 역점을 두고 추진하는 성격이 강하다. 따라서 온라인에서는 경험하지 못했던 정책 현장의 생생한 분위기를 직접 보고, 배우고, 느낄 수 있다.

【단점】

- 마감 기한이 빠듯하다. 행사나 기념식 등은 시의성이라는 특성으로 인해 작성 기한이 정해져 있다. 대략 일주일 안에는 콘텐츠가 제출되어야 한다.
- 이동 부담이 발생한다. 행사장이 장거리에 위치할 경우, 이동에 따른 부담도 생각해 두어야 한다. 이동 수단과 시간 소요가 만만치가 않기 때문이다. 또한 행사 시작 전에 도착해 행사장 분위기를 살피는 것도 필요하다. 이래저래 시간 소요가 많다.
- 약속을 지켜야 한다. 현장 취재기자로 선정되었다면 취재 일정

을 반드시 준수해야 한다. 진짜로 특별한 일이 아니라면 갑작스러운 포기나 일정 조정은 하지 않는 게 바람직하다.
- 사전 준비가 필요하다. 취재할 행사의 성격이나 의미 등을 미리 공부해 두어야 한다. 그리고 당일 현장에서 진행할 취재 순서나 방식도 사전에 계획을 세워야 낭패를 보는 일이 없다. 그래서 행사 세부 일정표를 운영사무국 담당자로부터 미리 챙겨야 한다.

04. 콘텐츠 제출, 드디어 마감이다

콘텐츠가 완성되면 마감 일자에 맞춰 제출하면 된다. 하지만 마감 기한은 누구에게나 항상 부담이다. 텍스트기자를 예로 들면, 원고는 마무리가 되었는데 마땅한 사진이나 이미지를 찾지 못하거나, 사진과 이미지는 충분한데 원고가 정리되지 않아 발을 동동 구르게 되는 경우가 발생한다. 따라서 소재를 선정할 때 글감과 동시에 사진이나 이미지 확보 여부도 함께 고려해 두어야 한다. 그래야 마감 기한이 다가와도 당황하지 않는다.

마감 기한은 자유형과 지정형 크게 2가지로 나눌 수 있다. 자유형은 해당 월 안에서 기자 자신이 자유롭게 제출 기한을 선택하는 것이고, 지정형은 해당 기관에서 마감 일자를 특정일로 강제하는 것이다. 기관의 홍보 방침과 조직문화에 따라 다양하게 적용되고 운용된다.

콘텐츠 제출 방식 역시 기관에 따라 차이가 있는데, 일반적으로 4가지 방식으로 구분해 설명할 수 있다.

카페에 파일을 등록하는 방법

콘텐츠 원본을 압축파일로 저장한 후 카페 지정 코너에 제출하면 된다. 이 방식은 원고에 사진이나 이미지를 자리할 위치를 별도로 표시해야 하는 번거로움이 있다. 이후 운영사무국의 추가 작업을 거쳐 최종 완성본이 생성되는 시스템이다. 따라서 기사와 사진이 포함된 완성본을 카페에서 기자 본인이 직접 확인할 수 없다. 즉 전체 화면 구성을 사전에 볼 수 없다는 단점이 있다.

카페에 직접 작성하는 방법

기자가 카페 지정 코너에 원고와 사진을 가지고 콘텐츠를 완성하는 방식이다. 글의 분량과 사진의 수량을 감안하여 적절한 위치와 배치를 조정할 수 있다. 기자의 시각과 관점을 비교적 잘 반영할 수 있다. 물론 최종 완성본은 운영사무국에서 판단한다. 이 말인즉슨 기자의 의도가 그대로 반영되지 않을 수도 있다는 의미다.

이메일로 콘텐츠를 송부하는 방법

카페에 파일을 등록하는 방식과 유사하다. 파일을 카페에 업로드하는 대신 운영사무국에 메일로 보낸다는 점만 차이가 있다. 다른 절차는 모두 똑같다. 카페를 운용하지 않는 기관에서 사용한다.

기자 개인 블로그에 게재하는 방법

기자 개인 블로그에 완성된 콘텐츠를 등록하고 카페에 해당 링크(URL)를 올리는 방법이다. 따라서 본인이 운용하는 블로그가 반드시 있어야 한다. 기자 개인의 취향과 특성이 반영된 완성물을 제작할 수 있는 장점이 있다. 기자에게는 상당히 편리한 방식이다.

마지막으로 혼용하는 방식이다. 위의 4가지 방식을 적절하게 결합해 사용되는 형태다.

"K는 어떤 방식인가요?"
"제가 활동하는 기관은 카페에 직접 작성하는데요."
"힘들지는 않아요?"
"기자로 활동한 지 벌써 수개월이 지나서 그런지 이제는 익숙해져서 편해요."
"마감 기한도?"
"아니요. 마감 기한은 매번 날짜에 쫓기게 되더라고요. 작가님은 어떠세요?"
"나라고 별수 있겠어요."
"그런데 부가적으로 수행해야 하는 활동들도 있던데요?"
"댓글 참여나 공유 활동 등을 말하는 거죠."
"잘 아시네요."

일부 행정기관은 SNS 매체를 활성화할 목적으로 콘텐츠 외의 부가적인 미션을 요구하기도 한다. 추가 미션이라고도 말한다. 여기에는 참여미션, 공유미션, 자율미션, 행사 참여 등이 있다. 기자단을 서포터즈나 홍보단으로 부르는 이유다. 좀 더 구분해서 설명하자면 콘텐츠만을 요구하는 곳은 기자단으로서의 활동을 강조하는 셈이고, 부가 미션을 요구하는 곳은 서포터즈나 홍보단으로서의 비중도 포함하는 것이다. 부가 미션은 강제성을 기준으로 의무적인 활동과 자발적인 활동으로 구분하기도 한다.

참여미션

기관의 SNS 매체에 '좋아요'와 '댓글'을 등록하는 활동이다. 개인차가 있겠지만 생각보다 손이 많이 간다. 월별로 수행해야 할 건수를 정해주는 곳도 있고, 기자의 자유의사에 맡기는 기관도 있다.

공유미션

기자 개인이 운영하는 SNS에 기관의 소식을 공유하는 활동이다. 즉 자신의 블로그, 인스타그램, 페이스북에 해당 기관이 추진하는 주요 정책 및 행사나 소식 등을 알리는 것이다. 해당 기관의 개별 콘텐츠를 기자의 SNS를 활용하여 널리 전파하는 방식이다.

자율미션

의무적으로 할당된 콘텐츠 건수 이외에 운영사무국과 협의 후 자율적으로 소재를 발굴하고 콘텐츠를 제작하는 활동이다. 기자가 꼭 취재하고 싶은 주제나 행사가 있을 때 활용할 수 있다. 이때는 사전 협의가 필수다. 운영사무국과 사전 조율이 되지 않으면 공식 콘텐츠로 채택될 수가 없다.

행사 참여

행정기관이 개최하는 외부 행사나 모임에 적극적으로 참여하는 대외활동을 말한다. 정기적인 행사로는 발대식과 해단식이 대표적이다. 간담회나 설명회 등도 부정기적으로 개최된다.

***

개인적으로 우수 기자나 표창장 수상 등의 목표가 있다면 마감 기한과 부가 미션을 충실하게 수행하는 게 유리하다. 특히 마감 기한 초과 시 기준에 따라 벌칙을 매기는 기관도 있다. 그래서 마감 기한을 지키지 못했더라도, 늦게라도 콘텐츠를 제출하는 게 바람직하다. 왜냐하면 일정 기간 실적이 없으면 미활동 사유서를 작성하거나 심할 경우 해촉될 수 있기 때문이다. 일상에 매몰되다 보면 어느 순간 기한을 놓치는 일은 누구에게나 발생한다. 그래도 포기하지 말고 최대한 빨리 콘텐츠를 제출하도록 하자. 이때는 운영사무국 담당자에게 문자나 이메일로 상황을 미리 설명하는 게 낫다.

> **(기자단)** 담당자님! 제가 착오로 6월 제출 일자를 잘못 알았네요. 최대한 빨리 콘텐츠를 업로드하도록 하겠습니다.
> **(운영사무국)** 네, 알겠습니다. 서둘러 주세요.
> **(기자단)** 네, 완료 즉시 연락을 드리겠습니다.
> **(운영사무국)** 오늘 중으로 가능할까요? 늦어도 내일 오전까지 마무리 부탁드립니다.

이처럼 본의 아니게 기한을 초과하였더라도 협의를 통해 조정이 가능하다. 물론 이런 일이 빈번하게 발생한다면 이야기는 달라진다. 기자단 활동의 관심 부족과 함께 다분히 의도적으로 보일 수 있기 때문이다.

한편 제출 기한은 다음과 같은 2가지 형식으로 기자단 카페에 매월 초 공지된다.

[예시] 제출 기한 공지
- 콘텐츠 작성만 요구하는 경우
  : 이번 달 제출 기한을 다음과 같이 공지드립니다.
  - 6일: 기획안 제출
  - 13일: 원고 마감

- 20일: 피드백 및 원고 수정

- 말일: 최종 윤문 후 블로그 게재

– 콘텐츠 작성과 부가 미션을 함께 요구하는 경우

: 당월 콘텐츠 마감은 30일까지입니다.

제출 항목은 아래와 같이 공지드립니다.

- 취재 콘텐츠 ○건

- 참여미션('좋아요'와 '댓글') ○건

- 공유미션 ○건

미션 수행 정도가 기준에 미달할 경우, 반려 또는 활동비가 지급되지 않을 수 있습니다.

운영사무국의 사정 또는 서비스 정도에 따라 기관마다 다르지만, 문자나 메일을 통해 마감 일자를 중간에 통보해 주는 곳도 있다. 하지만 마감 일정을 챙기지 못해 발생하는 불이익은 당연히 기자의 몫이다. 기자단 카페나 채팅방을 틈틈이 방문해 확인하는 습관이 그래서 필요하다.

***

마감 기한 준수는 중요하다. 당연한 말이지만 기한에 쫓겨 콘텐츠를 제작하게 되면 완성도나 품질이 저하될 수밖에 없다. 기간이 촉박

해 날림공사를 함으로써 부실 건물이 되는 이치와 마찬가지다. 충분한 여유를 갖고 양질의 콘텐츠가 생성될 수 있도록 체계적인 접근이 필요하다. 왜냐하면 기자단은 사실에 기반한 정보를 전달해야 하기 때문이다. 마감에 쫓기게 되면, 정보의 정확성과 신뢰성이 훼손될 수 있다.

또한, 시간이 부족해 운영사무국이 내용을 검증하지 못한 채로 콘텐츠가 배포되면 오류와 오보가 발생할 확률이 높아진다. 즉 기자가 마감을 준수함으로써 운영사무국이 기사를 확인하고 수정할 충분한 시간을 확보할 수 있다. 이를 통해 문법적 오류, 논리적 결함 등을 방지하고 완성도가 높은 기사를 제공하게 된다.

아울러 사실 확인을 거치지 않은 채로 급하게 콘텐츠가 완성되면 불명확한 정보나 편향된 내용이 포함될 수 있다. 충분한 시간을 투자하지 않고 진행되는 콘텐츠 발행은 이슈를 제대로 다루지 못하고 표면적인 내용만을 다룰 가능성도 크다. 이는 국민에게 잘못된 인상을 심어줄 뿐만 아니라, 본래 소통의 취지와 목적에도 배치된다. 특히 민감한 정보나 평가를 포함한 기사는 엄격하고 신중한 검토가 필요하다. 이게 지켜지지 않으면 법적 문제나 사회적 문제로까지 커질 수 있다.

무엇보다 마감 기한 준수는 기자의 프로의식과 직결된다. 사전에 정한 또는 정해진 날짜는 지켜야 한다. 마감 기한을 지켜야 하는 주된 이유는 정보의 정확성, 신뢰성, 윤리성 등을 통해 기자 역할을 올바르게 수행하기 위함이다. 이는 국민과의 신뢰를 국민기자단 스스로 쌓아 가는 길이기도 하다.

05. 콘텐츠 검토, 피드백에 대응하는 방법

콘텐츠 검토는 운영사무국이 확인하는 마지막 단계다. 기사 내용에 대한 팩트 체크와 저작권 위반 여부 그리고 분량의 적정성 등을 꼼꼼히 따져 본다. 그래서 세밀하게 콘텐츠를 분석하고 들여다본다. 기획안 검토 때와 마찬가지로 필요시에는 기자에게 수정과 보완을 요구하기도 한다. 즉 운영사무국은 원고의 사실 여부 확인 및 편집 등을 위해 기사 내용에 대한 문의를 댓글이나 스마트폰을 통해 기자에게 요청한다. 이른바 피드백 과정인데 기자는 적극적으로 설명해야 한다. 이러한 과정이 길어지거나 빈도가 심해지면 모두에게 스트레스가 된다. 세상에 쉬운 것은 없다. 더구나 새로운 창작물이 탄생하는 과정이 그리 간단할 리 없다. 최종 기사가 탄생하기 위한 최종 관문이라고 생각하고 있는 힘을 다하는 게 최선이다. 그래서 콘텐츠를 제출하기 전, 기자 스스로 사전에 검토하는 것도 하나의 대안이다. 자율적 검토 기준으로 다음 몇 가지를 들 수 있다.

- 국민의 눈높이에 맞게 쉽고 평이하게 작성되었는가?
: 본문의 내용이 주제가 전달하고자 하는 취지를 독자인 국민에게 알기 쉽게 전달될 수 있도록 쓰여 있는가를 살펴야 한다.
- 글의 내용 전개에 적합한 그림과 사진이 사용되었는가?
: 문장 흐름과 맥락에 어울리는 이미지나 시각 자료 등이 활용됐는지를 검토해야 한다. 생뚱맞은 자료 활용은 독자에게 글의 연속성을 떨어트리게 한다.
- 콘텐츠 제작에 활용된 각종 자료에 관한 저작권 문제는 없는가?
: 사용된 그림과 사진, 이미지, 음악 등의 저작권 문제는 최근 가장 예민한 문제로 다루어지고 있다. 반드시 확인을 통해 나중에라도 낭패를 보는 일이 없도록 하자.
- 맞춤법과 오탈자 확인 등의 최종 교정을 끝냈는가?
: 기본적인 체크 포인트다. 단순하면서도 별것 아닌 사항으로 간주할 수 있지만 전체적인 완성도에 가장 치명적인 요인으로 작용할 수 있다.
- 참고한 자료의 출처가 확실한가?
: 자료 출처를 밝히는 사항도 넓게 보면 저작권 문제와 연관된다. 콘텐츠 작성 시 사용했거나 참조한 자료도 명확히 소스를 밝혀 두어야 한다.

***

물론 이 5가지 사항은 운영사무국에서도 검토한다. 아울러 해당 기관의 특성과 성격에 부합하도록 전체적인 흐름을 벗어나지 않는 범위 내에서 콘텐츠를 편집하거나 수정할 수도 있다. 또한 임의로 기사나 사진을 변경 또는 삭제하기도 한다. 이런 사실을 미리 알아 두자. 즉, 기자가 작성한 콘텐츠가 원안대로 기관 공식 블로그에 게재될 수도 있지만 수정본이 올라가기도 한다. 또한 콘텐츠가 게재되었을지라도, 수정 사항을 발견했다면 기자 역시 운영사무국에 즉시 정정을 요청해야 한다. 이처럼 콘텐츠는 기자단과 운영사무국이 함께 만들어 가는 것이다. 일방적인 피드백이 아닌 양방향 의사소통이다. 콘텐츠 검토와 관련된 운영사무국의 긍정적인 피드백 사례를 보면 다음과 같다.

이상적인 피드백
콘텐츠 생산을 위해 노력했던 그간의 노력이 제대로 된 평가를 받은 것이다. 그런데 이런 사례는 기자단 활동 초반에는 거의 일어나지 않는다. 어느 정도 시간이 지나야 가능한 일이다.

[예시] 기자님 피드백이 늦어 죄송합니다. 많이 기다리셨죠? 기사 잘 써 주셨습니다! 감사합니다.

양호한 평가
백 프로(100%) 만족스럽지 않다는 운영사무국의 아쉬움이 있지만,

그래도 기사화하는 데 큰 문제가 없다는 의미다. 기자에게도 별로 부담이 없다.

[예시] 참고하셨던 자료 기사 링크들만 좀 부탁드리겠습니다. 또한 일부 내용은 블로그 기사화 시 편집될 수 있다는 점 양해 부탁드릴게요! 고생 많으셨습니다.

추가 조치 요청

요구사항이 간단하다. 따라서 운영사무국의 보완 사항을 가벼운 마음으로 요청 기한 내에 끝내면 그만이다.

[예시] 안녕하세요! 기자님. 인터뷰 기사 쓰시느라 고생 많으셨습니다. 인터뷰 기사는 최종 검토 후 기사화될 예정입니다. 또 기사에 쓰인 이미지는 모두 무료 사이트에서 가져오신 거죠? 해당 이미지가 무얼 설명하는지에 대해 덧붙이기가 어려워 이미지에 대한 설명만 추가로 부탁드리겠습니다. 감사합니다!

***

텍스트의 경우, 기사를 잘 마무리했더라도 마땅한 사진이나 이미지를 찾지 못해 낭패를 보는 수가 종종 있다. 따라서 가장 좋은 건 기자 본인이 직접 촬영한 사진이다. 또는 해당 기관의 홈페이지나 블로그 또는 인스타그램 등의 이미지를 사용하는 것도 자주 쓰는 방법이다. 이들 경우는 아무도 시비를 걸지 않는다. 그다음이 픽사베이와 같은 무료 이미지 사이트를 활용하는 것이다. 따라서 기사를 작성하기 전에 관련 이미지를 미리 생각하고 준비해 두어야 한다. 나름 적절한 이미지를 사용했는데도 저작권 등의 문제로 운영사무국의 검토를 통과하지 못하면 '기자님 안녕하세요! 신문이나 드라마 화면은 사용할 수 없어 대체 이미지를 찾아 주시길 부탁드릴게요! 대체 이미지 확보 후에 업로드하시면 기사 완료입니다'라는 피드백을 받게 된다. 이어 대체 이미지를 찾는 추가 고생이 뒤따른다. 의외로 시간도 많이 소요되는데 두 번 고생하는 일이 없도록 기획 단계에서부터 미리 고려해 두자.

"기사만 작성하면 다 끝난 줄 알았는데 사진이나 이미지 선정도 쉬운 작업이 아니네요?"

"어떻게 보면 더 어려울 수도 있죠. 그런데 왜요?"

"지난번에 제출했던 콘텐츠에 사용한 사진이 있거든요. 저작권 사용 허가 증빙을 요구하는데 이게 난감하네요."

"어디서 가져왔는데요?"

"동종기관의 공식 블로그인데요. 이게 몇 년이 지난 자료라 어떻게 확인하기도 애매해요."

"댓글로 내용을 남겨 놓았어요?"

"당연하죠. 그런데 너무 오래돼서 그런지 이틀째 아무런 반응이 없네요? 낼모레까지는 마무리해야 하는데."
"그러면 블로그에 나와 있는 연락처로 전화를 해 봐요."

필자도 비슷한 경험이 있다. 다른 기관의 블로그에 게재된 사진을 사용해 콘텐츠를 제출했는데, 해당 기관의 허락을 받아야 한다는 게 운영사무국의 주문이었다. 다음은 당시 상황의 피드백 사례이다.

(운영사무국) 기자님! 업로드한 인터뷰 기사는 잘 보았습니다. 정성껏 작성하셨군요. 수고하셨습니다. 그런데 1번부터 5번까지 5장의 사진은 사용이 가능한 것일까요?

(필자) 출처가 표기되어 있어서 괜찮을까 싶은데, 정확히 어떨지는 모르겠습니다.

(운영사무국) 원작자에게 사진 허용을 받지 않는 한 사용은 어려울 것 같습니다. 대체 이미지 찾아 주시면 감사하겠습니다. 무료 사이트에서도 찾아보시고 그래도 없다면 유료 사이트에서도 확인해 주세요. 유료에서 발견하시면 파일번호를 알려 주세요.

(중략)

(필자) 1번과 3번 사진은 픽사베이 무료 사이트로 교체했습니다. 그리고 4번 이미지는 게티이미지뱅크로 교체 부탁드립니다. 감사합니다.

(운영사무국) 네, 고생 많으셨습니다. 그러면 남은 2장의 사진은 2번과 5

번은 해당 기관에서 사용 가능하다는 허락이 떨어졌나요? 사전 허락 없이는 사진 사용이 불가해서 여쭤봅니다. 사용 여부 확인해 보시고, 사용할 수 없다면 역시 대체 이미지 부탁드리겠습니다!

(필자) 네! 좀 더 확인해 보고 답변드리겠습니다.

그런데 아무리 찾아봐도 마땅한 이미지나 사진을 찾을 수가 없었다. 어쩔 수 없이 블로그의 연락처를 보고 전화해 담당자와 통화할 수 있었다. 신분과 소속을 밝히고 용도를 설명하고 나서야 이미지 사용 허가를 받을 수 있었다. 상당한 시간과 정신적인 소모가 있었지만 나름대로 좋은 경험이었다고 기억한다. 그런데 사용 허가는 어떻게 받았을까? 당시 필자는 허가 승인 자료를 댓글로 확보했다.

(댓글 문의) 블로그 관리자님! 저는 로봇개발청 국민기자로 활동 중인 홍길동입니다. 취재 기사로 해당 기관에 관한 기사를 작성하고 있는데, 여기에 게재된 사진 자료를 사용 또는 활용해도 되는지 궁금합니다. 빠른 답변을 부탁드리겠습니다. 감사합니다.

(담당자 답변) 네. 사용하셔도 됩니다. 다만 출처를 표기해 주시면 감사드리겠습니다.

즉, 블로그 댓글에 요청사항을 달고 해당 답변이 게재된 화면을 그대로 캡처해 증빙 자료로 제출해 콘텐츠를 마무리할 수 있었다.

***

인터뷰 기사도 피드백이 이루어진다. 앞서 설명한 절차와 비슷하다. 크게 2가지 방식으로 구분할 수 있다. 운영사무국에서 인터뷰 대상을 지정해 주는 경우와 기자 스스로 인물 또는 기관을 선정하는 방법이다. 운영사무국을 통해 인터뷰를 진행하는 경우엔 안내에 따르면 된다.

[예시] 인터뷰 기사 피드백

1단계: 계획안 제출

(필자) 관리자님! 업로드한 계획안은 현장 방문을 통한 인터뷰 취재(건)입니다. 확인 후, 적극적인 협조를 부탁드립니다.

(운영사무국) 기자님! 기획안 검토 마쳤고요. 취재를 요청하신 개발자님에게도 해당 주제로 인터뷰 가능하다는 답변을 받았습니다.

(필자) 아! 감사합니다. 정말 다행이군요.

(운영사무국) 인터뷰 방식은 정확한 메시지 전달을 위해 먼저 이메일로 설문지를 보내고 이후 면담하는 순서로 진행하겠습니다. 질문지를 메일로 보내 주세요.

(필자) 네! 알겠습니다. 바로 보내 드리겠습니다.

인터뷰가 가능한 것으로 결정이 나면 제일 먼저 해야 할 일은 질문지를 작성하는 것이다. 사전에 질문지를 보내고 회신을 요청해야 한다.

2단계: 질문지 송부

(운영사무국) 기자님, 질문지 내용을 개발자님께 전달해 드렸고요. 세부적인 면담 시간은 개발자님과 직접 조율하시기를 바랍니다.

(필자) 네, 그렇게 하겠습니다. 그런데 메일로 보낸 질문지 회신은 언제쯤 가능할까요?

(운영사무국) 아마도 일주일 정도 소요될 것 같습니다. 일정에 무리가 있나요?

(필자) 아니요. 그 정도 기간이면 괜찮습니다. 면담 당일에는 주로 질문지 중심으로 보충 질문을 할 생각입니다.

3단계: 인터뷰 및 콘텐츠 작성

질문지 회신 후에는 약속된 시간에 현장을 방문해 인터뷰를 진행하면 된다. 현장에서의 대담은 최대한 부담이 없는 선에서 진행하는 게 좋다. 아울러 당일에 사진 촬영을 빠트리는 일이 없도록 해야 한다. 콘텐츠는 인터뷰 내용을 중심으로 작성한다.

4단계: 콘텐츠 제출 및 피드백

(운영사무국) 제출하신 콘텐츠 검토 결과, 추가 요청사항은 없습니다. 수고하셨습니다. 참! 사진과 이미지는 원본 압축파일로 따로 묶어서 첨부해 주세요. 고생 많으셨습니다.

(필자) 별말씀을요. 감사합니다.

기자가 인터뷰 대상을 스스로 선정할 수도 있다. 이때는 다음과 같이 해당 기관에 취재 요청을 메일(또는 유선)로 확인하고, 취재기획서에 반영해야 한다. 취재가 결정되면 순서에 따라 진행하면 된다.

[예시] ○○센터 취재 협조 요청을 드립니다.
안녕하세요? ○○센터장님!
○○부 국민기자단 홍길동 기자입니다.
현재 저는 ○○부 산하 기관들의 역할과 주요 프로그램을 소개하는 취재를 하고 있습니다. 이를 위해 귀 센터에 아래와 같이 협조 요청을 드립니다.

- 취재 목적: 센터의 상담 및 프로그램 소개 등
- 요청 내용: 인터뷰 진행 및 현장취재(사진 촬영 포함)
- 희망 인터뷰 대상: 센터장님 또는 담당 실무자
- 인터뷰 항목: 첨부

깊이 있는 기사를 위해 첨부와 같이 질문 요청을 드립니다. 너무 어렵게 생각하지 마시고 편하게 답변해 주시면 고맙겠습니다.

- 방문 희망 일정: ○월 ○일~○월 ○일

취재를 통해 ○○센터에서 진행하는 다양한 지원 활동이 더 많은 사람들에게 알려질 수 있도록 노력하겠습니다. 문의 사항이 있으시면 언제든지 연락 부탁드립니다. 감사합니다.

06. 블로그 공식 게재, 세상에 내 이름이 나온다

"작가님! 드디어 제 기사가 블로그에 실렸어요."

"진심으로 축하드려요."

"에너지자원부 공식 블로그에 게재된 제 콘텐츠를 보니 되게 뿌듯한데요."

"당연하죠, K가 애써 노력한 결과물인데."

"그래서인지 모르겠지만 몇 번을 읽어 봐도 기분이 좋아요. 제가 이런 글을 썼다는 것도 신기하고요."

"그게 바로 창작의 기쁨이라는 거죠. 더구나 첫 작품이잖아요. 발행된 콘텐츠는 어때요?"

"제가 제출한 것과 거의 똑같아요."

"다행이네요. 나는 처음 발행된 콘텐츠가 차이가 좀 있었어요."

콘텐츠가 정해진 단계를 정상적으로 통과하게 되면 기관의 공식 블로그에 게재된다. 대체로 다음 달에 발행된다. 콘텐츠가 기사로 완성되어 세상에 빛을 보게 되는 것이다. 이어서 별도 카테고리로 구분되어 등록되고 관리된다. 기사에는 기자의 이름표가 붙게 된다. 이후 외부로 전달되고 여기저기 유통된다. 기획안 제출에서부터 콘텐츠 게재까지의 과정을 주요 내용만 다시 정리해 보자.

1단계, 기획안 제출이다.
콘텐츠를 바로 제작할 수는 없다. 어떤 주제로 언제 어디서 어떤 방식 등으로 만들 것인지 기획서를 작성해야 한다. 취재기획서를 만들어 운영사무국에 제출하는 첫 단계다. 기자 본인이 다루고 싶은 콘텐츠의 밑그림을 그리는 것이다.

2단계, 기획안 검토다.
운영사무국이 기자가 등록한 취재기획서를 확인하는 단계다. 중요한 사실은 기획안을 제출한다고 해서 모두 채택된다는 보장은 없다는 것이다.

3단계, 콘텐츠 제작이다.
전체 과정 중에 가장 손이 많이 가는 과정이다. 기획안 제출 시 운영사무국과 협의한 내용을 기반으로 콘텐츠를 제작한다. 투입된 노력과 콘텐츠의 품질은 비례한다.

4단계, 콘텐츠 제출이다.
이 단계에서는 기한 엄수가 핵심이다. 생각보다 마감 기한이 주는 스트레스가 만만치 않다. 중간에 날라 오는 운영사무국의 기한 준수 독려 메시지도 마찬가지다. 피할 수 없다면 즐기는 쪽으로 생각을 바꾸어 볼 것을 추천한다.

5단계, 콘텐츠 검토다.

운영사무국에서 콘텐츠를 최종적으로 확인하는 단계이다. 내용에 대한 사실 및 출처, 저작권 위반 여부 그리고 분량의 적정성 등을 세밀하게 따져 본다. 필요시에는 기자에게 수정과 보완을 요청하기도 한다. 때에 따라 피드백에 상당한 시간이 소요된다.

6단계, 콘텐츠 게재이다.

공식 블로그에 게재되는 순간이다. 정식 기사로 생성되어 기관 블로그에 발행된다. 기자 본인의 이름을 달고 외부의 독자와 만나게 되는데, 창작의 기쁨과 함께 기사 내용에 대한 책임감을 동시에 느끼게 된다.

***

전체적인 흐름을 벗어나지 않는 범위 내에서 운영사무국이 콘텐츠를 편집할 수도 있다. 실제로 콘텐츠 원본과 큰 차이가 없이 게재되는가 하면, 상당한 분량이 축소되거나 변형되어 블로그에 포스팅되는 사례도 있다. 콘텐츠 원안에 대변인실의 견해가 추가 반영된 것이다. 편집의 범위와 정도에는 아래처럼 특별한 제한이 없다.

- 제목이 달라질 수 있다.
- 본문의 문장이 부분적으로 삭제되거나 수정되기도 한다.
- 사진이나 이미지 배열순서가 바뀌거나 일부 삭제될 수 있다.
- 새로운 도표나 없던 이미지가 사용되기도 한다.

따라서 공식 블로그에 올라온 본인의 기사를 리뷰하는 습관이 필요하다. 심혈을 기울여 제출한 콘텐츠가 변형되고 삭제되는 일은 기자에게도 썩 기분 좋은 일은 아니다. 그런데도 이런 현상이 왜 발생하는 것일까? 어떤 기관이든지 선호하는 논조와 패턴이 있다. 즉 해당 기관이 홍보하는 정책을 자신들의 언어로 바꾸고 싶어 한다. 사진이나 이미지도 마찬가지다. 콘텐츠 완성에 사용된 사진이나 이미지가 일부 삭제되거나 교체되기도 하는데 역시 해당 기관이 선호하는 스타일이나 구도가 있음을 뜻한다. 기자가 괜찮다고 생각했던 사진은 빠지고 그 자리에 새로운 이미지가 자리 잡는 일도 일어난다. 또한 콘텐츠의 본질적인 내용을 건드리지 않는 선에서 제시된 수치나 기록, 사건 일자도 오류 여부를 확인하고 필요시 수정한다.

"썩 내키지는 않는데요."
"그럴 수 있겠죠. 하지만 본질적인 내용이 바뀌거나 왜곡되는 것이 아니라면 크게 신경 쓸 필요는 없어요."
"맥락 자체가 바뀌는 건 아니라는 말씀이죠?"

"맞아요. 국민들에게 잘 전달하기 위한 추가 작업이죠. 그리고 해당 기관이 관련 내용을 가장 잘 알고 있고요."

본인 기사를 리뷰하는 습관이 필요한 이유가 또 있다. 기사가 공식 블로그에 게재된 후라도 아래와 같은 보완 사정이 발생할 수 있다. 이때는 운영사무국에 즉시 연락을 통해 수정을 요청해야 한다.

- 참고문헌이나 자료 등의 인용이 잘못되었음을 나중에 확인한 경우
- 콘텐츠의 구성이나 맥락이 제출한 최종본과 완전히 달라진 경우
- 인터뷰 대상자가 마음이 바뀌어 사진 게재를 원하지 않는 경우
- 오탈자나 어긋난 문단 배열 등을 발견한 경우

"처음에는 리뷰를 할 수도 있겠지만 매번 그렇게 될까요?"
"습관을 들여야죠. 중요한 건 또 있어요."
"뭐죠?"
"내 콘텐츠가 언젠가는 누군가의 참고 자료로 활용될 수도 있다는 사실이요."
"그게 무슨 말씀이죠?"
"K가 콘텐츠를 제작할 때 다른 기사도 참고하지 않았나요?"
"그렇죠. 지난번 콘텐츠를 만들 때도 여기저기 블로그 기사를 확인해 봤거든요?"

"그래서 어땠어요?"

"대부분 내용이 별로여서 한두 개 정도만 자료로 활용했죠."

"그것 보세요. 내용이 부실하거나 미흡하면 방문자로서는 뭐 이딴 식으로 글을 썼지? 이렇게 되지 않을까요?"

"맞아요. 딱 그런 기분이었어요."

"기분도 기분이지만, 자신의 이름을 달고 나온 콘텐츠라는 게 가장 중요하죠."

"알아 두어야 할 게 적지 않군요?"

"어차피 콘텐츠도 하나의 창작물이잖아요. 새롭게 무언가를 만든다는 게 그리 간단할 수는 없죠?"

잘 만들어진 콘텐츠는 각종 논문이나 언론사, 잡지사 기자들의 참고 자료로 활용되기도 한다. 이런 경향은 과학이나 환경, 기후 등 특정한 분야에서 많이 발생한다.

콘텐츠 제작과 유통도 일종의 서비스이다. 자신의 콘텐츠를 활용하는 고객에게 최상의 정보를 제공한다고 생각하자. 동시에 이는 해당 기관의 권위와 신뢰와도 맞닿아 있다. 부실하고 미흡한 콘텐츠는 기관의 이미지 제고에 부정적인 결과를 가져온다. 그렇다면 리뷰를 하게 되면 구체적으로 어떤 점이 좋을까?

글과 사진의 전체적인 배치를 확인할 수 있다

제출 단계에서는 완성된 구도를 볼 수 없다. 따라서 블로그 등 SNS에 게재된 콘텐츠 확인을 통해 글과 사진이 어떤 식으로 연출되고 완성되었는지를 확인할 수 있다. 글의 배치 방법도 기관마다 특징이 있다. 가운데 정렬을 선호하는 사례가 있는가 하면 왼쪽 정렬을 사용하는 기관도 있다. 물론 제출했던 콘텐츠가 최종안 그대로 수정 없이 게재되기도 한다.

기관의 취향을 가늠할 수 있다

기관의 SNS 게재 성향을 알 수 있다. 블로그 제목이 가장 대표적이다. 기관의 특성이 반영된 제목으로 바뀌는 사례가 흔하다. 대표 사진 또한 기관의 특징이 반영된 이미지로 바뀔 확률이 높다. 독자의 흥미를 끌 수 있는 사진이나 이미지가 주로 사용된다. 기관의 취향이자 스타일이 반영된다고 봐도 무방하다.

시행착오를 줄일 수 있다

전체적인 배치와 게재 방식 등 편집 방침을 파악하게 되면 향후 기사 작성 시에 시행착오를 예방할 수 있다. 다시 말해 어떤 방식으로 작성해야 하는지, 방향을 잡을 수 있다. 자신이 제출한 최종안이 어떤 식으로 공식 블로그에 연출되는지를 알 수 있기 때문이다. 콘텐츠의 내용은 물론이거니와 표현 방식도 생각보다 중요하다. 내용이 아무리 좋아도 형식이 매력을 끌지 못하면 독자에게 어필하는 강도는 떨어지기 마련이다. '보기 좋은 떡이 먹기도 좋다'는 속담이 괜히 있는 게 아니다.

반응을 살필 수 있다

내 기사에 달린 '좋아요'나 '댓글'을 통해 독자의 반응을 확인할 수 있다. 물론 의미 있는 수치를 파악하기 위해서는 1개월 또는 분기, 반기 등의 어느 정도 기간 설정이 필요하다. 그래도 초반의 흐름이나 느낌 정도는 가늠해 볼 수 있다.

***

운영사무국은 왜 기자가 애써 만든 콘텐츠를 꼼꼼히 확인하는 걸까? 여기에는 여러 이유가 있겠지만 국민 눈높이의 홍보가 중요하기 때문이다.

행정기관이 추진하는 정책과 사업은 국민과 주민의 일상에 직간접적으로 깊은 영향을 미친다. 출산부터 교육, 일자리, 복지, 안전, 문화, 환경에 이르기까지 행정의 손길이 닿지 않는 곳은 거의 없다. 그만큼 정책은 개인의 삶의 질을 결정짓고, 때로는 한 사람의 운명까지도 바꾸는 중대한 요소가 된다.

하지만 아무리 훌륭한 정책이라 하더라도 국민이 그 의미와 효과를 알지 못하고 오해하거나, 무관심하다면 정책은 본래 의도와는 전혀 다른 결과를 낳을 수도 있다.

　정책의 성공에 영향을 미치는 요소는 다양하지만, 그중에서도 오늘날 가장 핵심적인 것은 바로 '소통'이다. 즉 효과적인 홍보와 공감 기반의 커뮤니케이션이다. 이는 단순한 일방적 고지의 개념이 아니라, 국민과의 '상호작용'과 '참여'를 끌어내는 전략적 활동이다.

　정보가 넘쳐나는 시대에 행정기관 정책이 주목받기 위해서는 단순한 사실 전달을 넘어 국민 중심의 스토리와 공감 코드가 요구된다. 특히 국민의 시각에서 정책의 의미를 재해석하고 쉽게 풀어 설명하는 일이 무엇보다 중요하다.

　전문가와 일반 언론이 정책을 다루는 방식이 있는가 하면 국민기자단이 수행하는 기능과 역할도 있다. 쉽게 설명하고 부드럽게 전달하며 대상과의 간극을 좁혀 나가는 일이다. 국민기자단은 정책과 국민 사이의 '생활 밀착형 번역자'로서 핵심 역할을 담당한다.

　이처럼 기자단은 일반 국민의 시각으로 정책의 의미를 해석하고, 사람들의 관심사와 언어로 재구성해 콘텐츠를 생산한다. 특히 온라인 플랫폼을 활용해 다양한 계층에 맞춤형 정보 전달이 가능하다는 장점이 있다. 오늘날 정책 홍보의 주체는 '전문가'에서 '국민'으로 확대되고 있다.

　행정기관 정책이 진정으로 국민의 삶을 바꾸기 위해서는 '국민의 눈'으로 바라보아야 한다. 더 이상 홍보는 일방적 전달이 아니라, '공감과 설득', '이해와 참여', '상호 신뢰'를 바탕으로 하는 협업 과정이다.

국민기자단은 이러한 변화의 최전선에서 활동하는 민간 커뮤니케이터라고 말할 수 있다. 공공의 가치를 콘텐츠로 풀고, 정책의 배경과 철학, 목적과 과정을 국민과 함께 나누며 '공공 커뮤니케이션'의 실천자로서 기능한다.

***

정책 과정은 일반적으로 △ 결정 △ 홍보 △ 집행 △ 평가 및 환류의 네 단계로 설명되지만, 이들 각각은 분절된 단계라기보다 유기적이고 반복적인 흐름에 가깝다. 특히 홍보는 하나의 과정에 국한되지 않는다.

처음부터 행정기관이 다루려는 사회문제의 본질을 국민이 제대로 인식하고 결정하는 데도 홍보는 중요한 역할을 한다. 집행에서는 대상자 맞춤형 정보 제공, 참여 독려, 이해도 증진 등의 기능을 수행한다. 홍보는 평가와 환류 단계에서도 국민의 체감도나 만족도를 수집해 다음 정책으로 연결하는 선순환 고리를 형성한다.

따라서 홍보를 통해 정책이 국민과 함께 만들어질수록 성공 가능성은 커진다. 더 많은 국민기자의 참여가 필요한 까닭이 바로 여기에 있다.

07. 활동비 지급, 성과 평가와 인센티브

"기자로서 K가 가장 기억에 남는 순간은 언젠가요?"
"제 콘텐츠가 기관의 공식 블로그에 처음 게재될 때죠."
"그때야말로 정말 잊을 수가 없죠. 그리고 또요?"
"글쎄요."
"취재 활동에 대한 보상을 받을 때 아닌가요?"
"맞아요! 그때도 기분이 정말 좋더라고요."
"그렇게 기분 좋은 날이 매월 한 번씩 찾아오죠."
"말씀 듣고 보니 그렇네요. 참! 내일이 활동비 나오는 날인데."

마지막으로 취재에 대한 활동비이다. 흔히 원고료라고도 한다. 현실적으로 가장 중요한 단계이다. 한 달간의 활동에 대한 노력의 대가를 보상받기 때문이다. 기관별로 정해진 시기에 지정 계좌로 입금된다. 그리 크지 않은 금액이지만 계좌에 입금된 금액을 보면 내심 뿌듯함을 느낄 수 있다. 그리고 이런 뿌듯함이 다음 달 활동의 원동력으로 작용한다.

일단 활동비는 콘텐츠를 제작 후, 제출해야 받을 수 있는 자격이 생긴다. 또한 제출 후에도 기관의 공식 SNS 콘텐츠로 채택한 기사에 한정된다. 기관의 공식 블로그에 등록되지 않으면 활동비는 지급되지 않는 게 원칙이다.

그렇다면 활동비에는 어떤 종류들이 있을까? 여기에는 원고료, 교통비, 취재비 등이 있다. 당연히 기관의 공식 취재와 행사 참여에 한정된다. 기자 본인의 판단에 따른 취재 기사는 적용되지 않는다. 따라서 자발적으로 취재하고 싶은 내용이 있다면 사전에 검토를 거쳐 승인 여부를 확인받아야 한다.

활동비 규모와 수준은 기관마다 제각기 달라 일률적으로 말할 수는 없다. 활동비에 관한 일반적인 사항을 살펴보면 다음과 같다.

원고료

매월 콘텐츠가 공식 블로그에 등록되면 다음 달에 개인 계좌에 입금된다. 원고료 책정은 기관마다 천차만별인데, 일반적으로 양질의 기사와 원고료 수준이 비례한다고 보면 된다. 영상기자에게는 제작비가 원고료에 해당한다.

교통비

영수증 사본 제출 시 실비 정산을 받을 수 있다. 교통비는 대중교통의 경우 고속버스와 열차 편은 KTX 일반석 기준으로 지원된다. 항공편은 지원하지 않는다. 하지만 항공료가 KTX 일반석 이하로 발생한다면 지원받을 수도 있다. 자가 차량으로 움직일 때는 증빙(주유 및 통행료 영수증)을 반드시 챙겨야 하고 지원 여부를 사전에 꼭 확인해야 한다. 왜냐하면 기관마다 지급 기준이 상이하기 때문이다. 그리고 본인이 원해서 진행하는 취재는 교통비가 지원되지 않는다. 이런 내용은 발대식 때 설명하거나 운영 매뉴얼에 잘 정리되어 있다. 그래도 애매모호한 상황이 예상된다면 사전에 문의를 통해 정리하는 게 유익하다.

취재비

외부 행사나 인터뷰 등의 취재 과정에 발생한 비용을 말한다. 가장 대표적으로 식대를 들 수 있다. 기관이 정하는 기준과 절차 그리고 사용 한도에서 지원받을 수 있다. 역시 영수증 사본을 제출해야 한다. 이 외에도 예기치 못한 상황이 발생해 추가 비용이 발생할 경우, 관련 증빙을 반드시 확보하여 운영사무국에 지원 여부를 문의해야 한다. 되도록 사전에 확인해야 낭패를 보는 일이 발생하지 않는다.

숙박비

숙박비는 1일 이상 취재가 이루어지거나 늦은 시간에 행사 등이 종료되는 등 아주 특별한 경우에 발생한다. 해당 기관의 지급 상한선에 따라 실제 사용 비용이 지원된다.

"기자단 활동도 평가하나요?"

"그럼요."

"어딜 가나 경쟁이군요?"

"기자단도 어차피 조직이니까요."

"가장 큰 이유가 뭘까요?"

"콘텐츠 품질 유지가 아닐까, 싶어요. 그래서 K도 할 거면 최선을 다하는 게 좋아요."

"워낙 실력 있는 사람들이 많아서 크게 기대하지는 않아요, 하하. 우선은 기자단 활동을 꾸준히 하는 데 초점을 맞추고 싶어요."

"그것도 하나의 전략이죠."

"그런데 작가님! 우수 기자로 선정되면 어떤 혜택이 있나요?"

"그것도 기관마다 다 달라서 뭐라고 특정해서 말할 수는 없어요."

"일반적인 기준으로 설명해 주신다면요."

"월별 우수 기자에게는 일정 금액 상당의 문화상품권 등이 지급되죠."

"연말에도요?"

"네, 비슷해요."

"상장도 준다고 하던데요."

"연말 수상자에게는 기관장 명의의 표창과 부상이 뒤따라요."

매월 또는 연간 단위로 활동이 우수한 기자에게 '이달의 기자' 또는 '올해의 기자' 상을 포상한다. 즉 평가 기준에 부합한 대상자를 선발해 보상한다. 물론 그 반대의 경우도 있다. 활동 정도가 기준을 충족하지 못하면 자격을 해촉한다. 예를 들면 콘텐츠 제작을 80% 미만으로 수행 했거나 일정 기간 활동이 없을 때 또는 기자단으로서 위반되는 행동이나 언행 등이 해촉 사유에 해당한다.

[예시] 활동비 공지

안녕하세요? 기자단 여러분!

○월 원고료 지급을 위해 원고 발행 내역을 카페에 올려 두었으니, 원고를 작성하신 기자분들께서는 내일 오전 10시까지 확인 부탁드리겠습니다.

그리고 발대식 이후 세 달간 활동이 없으신 분들은 해촉 대상자가 됩니다. 해당 분들께는 별도로 연락드리겠습니다.

감사합니다.

그렇다면 평가 기준에는 어떤 것들이 있을까? 대체로 기사 작성 건수, 콘텐츠의 다양성 정도, 오프라인 행사 참여도 등을 고려한다. 이 또한 기관의 특성에 따라 다소 차이가 있다. 당연히 항목별 배점도 다를 수밖에 없다. 대변인실에서 발대식 날에 설명해 주거나 운영 매뉴얼 자료에 반영되어 있으므로 꼼꼼히 확인해야 한다. 월말 평가와 연간 평가로 구분해서 알아보자.

월말 평가

- 기획 능력

: 해당 정책과 사업의 취지 또는 주제에 부합하는지와 내용 구성과 전개 등의 짜임새 등을 판단한다. 참신한 아이디어와 다양한 구성 그리고 주제 선정도 평가의 중요한 판단 요소다.

- 제작 능력

: 쉽게 말해 콘텐츠의 창의성 및 완성도를 평가한다. 아울러 기획안에 대한 창작 능력과 주제에 맞는 사진이나 이미지가 적절하게 사용됐는지도 고려한다.

- 성실도

: 기획안 제출 및 마감 기한 준수를 반영한다. 제출 기한을 기준으로 일자가 초과할 때마다 마이너스(-) 점수를 부과하는 기관도 있다. 여기에 오프라인 참여 횟수를 포함하기도 한다. 즉 각종 정책 투어 참여 정도와 발대식과 해단식 등 현장 행사의 참여 여부를 심사한다. 예를 들어 현장 행사 취재를 약속해 놓고 이를 지키지 못할 경우, 평가에 부정적으로 작용할 수 있다.

- 흥미와 공감

: 국민의 관심을 끌 만한 요소를 담았는지를 살펴본다. 따라서 재미와 공감, 대중성 등이 담겨 있는지가 관건이다.

연간 평가

- 정성평가

: 정성평가는 콘텐츠 품질 수준을 말한다. 창의성 및 완성도 등을 심사한다. 즉 기획안 아이디어에 대한 창작 능력과 국민의 관심과 주목을 끌 만한 요소를 담았는지, 주제와의 적합성 정도와 가독성을 배려한 글의 구성 여부 등이다. 따라서 참신한 아이디어를 담은 홍보 콘텐츠 제작 능력과 다양한 구성 및 주제 선정에 익숙하면 유리하다.

- 정량평가

: 정량평가는 SNS 지수와 활동을 대상으로 판단한다. 개인별 콘텐츠의 반응지수, 즉 댓글, 공감, 조회수 등을 고려한다. '댓글 및 좋아요' 등 SNS 기본 요건 이상을 충족하면 높은 점수를 받을 확률이 높다. 또한 기자 개인별 계정에 해당 기관의 콘텐츠 링크 여부를 확인한다. 즉 기자 본인의 계정을 통해 해당 기관을 얼마나 홍보했는가를 살펴본다. 여기에 월별 우수 기자로 선정된 횟수를 기준으로 일정 점수를 부여할 수 있다.

평가 항목에 대한 배점 비율은 기관의 특성에 따라 제각기 다르다. 통상 콘텐츠 품질 수준과 성실도가 배점 비중이 높은 것으로 알려진다. 이런 평가 기준과 심사 방식을 통해 매월 우수 기자와 연말 최우수 기자가 선발된다. 설명의 편의를 위해 월말과 연간으로 분류했지만,

구분 없이 뒤섞여 사용되기도 한다.

연말에 최우수 기자 등으로 선정되면 연임에도 유리할 수 있다. 일부에서는 다음 해 기자 선발에 우선권을 부여한다.

최우수 기자에게는 해단식을 통해 표창장 등의 상장이 수여된다. 수상 실적은 다른 행정기관에 지원할 때도 증빙 자료로 요긴하게 활용할 수 있다. 기관장 명의의 표창장은 기자단 활동의 성실성과 역량을 증명하는 자료이기 때문이다.

"어때요, 동기부여가 되나요?"
"네! 최우수 기자가 꼭 한번 되고 싶네요."
"그만큼 열심히 해야 하겠죠."
"그런데 조회수가 평가 기준으로 들어간다는 게 이해되지 않네요."
"왜죠?"
"평가를 위한 집계 기간을 1개월 또는 1년으로 하는 게 적정하냐는 의문이 들거든요."
"기간의 적정성이 문제다?"
"그렇죠. 특히 1개월을 기준으로 해당 기사의 조회수를 판단하는 것이 과연 맞나 싶어요."
"그렇게 생각하는 이유는 뭐죠?"
"기간이 지난 후에 조회수가 늘어나는 이른바 역주행 사례도 충분히 발생할 수 있지 않나요? 물론 그 반대의 경우도 일어날 수 있고요."

조회수가 평가 요소의 중요한 기준이 되면 K의 지적처럼 기간의 적정성도 문제지만 전혀 예상치 못한 부작용이 발생할 우려가 있다. 우선 인기 없는 사업이나 정책에 관한 기사는 제작되지 않을 것이다. 왜냐하면 그런 소재는 조회수가 낮아 기자들로부터 외면당할 게 불을 보듯 뻔하기 때문이다.

하지만 행정기관의 특성상 조회수와 상관없이 알려야 할 다양한 정책과 사업이 존재한다. 이 점이 민간기업과의 가장 큰 차이다. 실제로 조회수를 평가에 비중 있게 반영하는 곳은 생각보다 많지 않다. 대부분 평가에 참고하는 수준으로만 활용하는 정도로 알려진다.

3장

역량교육과 팸투어

행정기관에서는 국민기자들의 콘텐츠 제작 능력을 향상하고 활동의 질을 높이기 위해 다양한 지원 프로그램을 마련한다. 대표적인 것이 바로 역량교육과 팸투어다. 이들 2가지는 기자단 활동을 실질적으로 뒷받침하고, 기자 개개인의 성장 발판이 되는 주요 수단이다.

기자단 활동의 중심에는 '콘텐츠'가 있다. 아무리 현장감 있는 글과 사진, 영상이 함께하더라도, 결국 콘텐츠의 품질이 관건이다. 따라서 콘텐츠 제작 능력은 기자에게 가장 기본이자 핵심적인 역량이라고 할 수 있다. 글쓰기 교육 사례를 보자.

"A청이 국민기자단 역량 강화에 나섰다. A청은 전국에서 활동 중인 기자단을 대상으로 온라인 역량 강화교육을 진행했다. 이번 교육은 지난달 실시된 오프라인 교육에 이은 온라인 교육으로 전문 강사를 초빙해 '호감 가는 글쓰기'에 대해 이해하는 시간을 가졌다.
A청은 국민의 시각으로 행정 현장의 소식을 발굴해 빠르게 전달하고 홍보함으로써 소통 행정을 구현하고 관심도를 높이기 위해 국민기자단을 운영하고 있다.
기자단은 연초에 SNS를 통해 공개 모집되었고 발대식을 거쳐 현재 전국에서 활발히 활동 중이다. 하반기에도 '글쓰기 특강'을 주제로 전문 강사의 실제 강의가 계획되어 있다."

이러한 역량교육은 단순히 기술적인 글쓰기 교육에 그치지 않는다.

△ 콘텐츠 기획력 △ 정보 구성 방식 △ SNS에 적합한 문체 △ 방문 독자에 따른 글의 온도 조절 등 실무와 밀접한 교육 내용이 반영되어 이루어진다. 실제 활동 과정에 필요한 프로그램과 맞물려 있을 때, 교육 효과는 훨씬 배가된다.

사진 기법이나 영상편집 강화교육도 마찬가지다. 교육 수강을 통해 "콘텐츠 품질이 올라갔다"라는 평가는 기자의 성취감과 자신감으로 이어지고, 이는 곧 기자단 운영의 성장동력이 된다.

역량 강화교육은 기자단의 콘텐츠 제작 능력을 향상하기 위한 활동이다. 온라인 또는 오프라인 강의 형태로 이루어지며, 표현력과 정보력, 구성력을 기르는 데 큰 도움을 준다. 특히 기획안 작성부터 콘텐츠 제작에 이르기까지 실제 작업에 바로 적용할 수 있는 실전 중심의 내용을 다루기 때문에, 기자의 자신감을 높이고 완성도를 높이는 데 효과적이다.

특히 최근에는 국민기자단 경험이 풍부한 선배 기자 등을 강사로 초대해 실질적인 교육 효과를 높이는 기관이 증가하는 추세이다. 아무래도 기자단의 애로사항을 가장 많이 알고, 시행착오를 줄이는 데 도움을 주기 때문이다.

***

국민기자는 콘텐츠 제작만 하는 사람이 아니다. 정책과 제도, 사업 등을 국민의 눈높이에서 전달하는 역할을 맡고 있다. 이를 위해서는 이론이나 자료로만 배운 정보가 아니라, 현장 경험과 체험에서 비롯된 관찰과 질문 능력도 필요하다. 이 점에서 팸투어는 매우 중요한 기회를 제공한다.

팸투어(Familiarization Tour)는 말 그대로 '친숙해지기 위한 여행'이다. 기관의 주요 시설과 정책 현장을 기자들이 직접 둘러보고, 관계자의 설명과 해설을 청취하며, 프로그램에 참여함으로써 콘텐츠의 실감을 더하는 것이 목적이다. 실제 사례를 보자.

> B처는 그간의 실내 강의와는 달리 문화해설사와 함께 현장을 탐방하는 프로그램을 진행했다. 이번 탐방에는 국민기자단이 직접 참여해 테마공원과 주변 공원, 독립운동 기념관, 인근 산업단지, 농업기술센터 등 주요 역사·문화길과 산업시설을 탐방해 B처에 대한 이해를 높였다.
> B처 관계자는 "탐방 형식으로 이루어진 이번 현장 체험은 기자단의 기관 사업에 대한 이해와 관심을 높이는 계기가 되었길 바란다"라며 "앞으로도 B처의 소식을 전하는 데 많은 역할을 해 줄 것으로 기대한다"라고 밝혔다.

기자들은 현장 팸투어를 통해 정책의 배경과 맥락을 직관적으로 이해할 수 있다. '왜 이 정책이 필요했는가'를 체감함으로써 콘텐츠의 설득력을 높일 수 있다. 그리고 기사나 영상의 생동감도 올라간다. 현장에서 직접 촬영한 사진, 인터뷰, 분위기 묘사는 콘텐츠에 살아 있는 현장감을 더한다. 아울러 정책 수요자 관점에서 서술이 가능해진다. 기자는 현장에서 직접 보고 듣고 느낀 것을 콘텐츠에 녹여낸다.

아울러 기관에 대한 애착과 소속감도 생긴다. 팸투어를 통해 단순히 '콘텐츠 제작'에 머물렀던 활동이 '정책의 현장을 소개하는 메신저'라는 자부심으로 발전하기 때문이다.

이처럼 팸투어는 직접 현장을 탐방하고 체험하면서 생생한 콘텐츠를 발굴하는 데 초점을 둔다. 팸투어에서는 단순한 정보 전달을 넘어, 현장에서 느끼는 냄새, 소리, 사람들의 표정 등 오감을 자극하는 경험을 바탕으로 몰입도 높은 콘텐츠를 만들어 낼 수 있다. 사진, 영상, 스토리 등 콘텐츠 구성에 필요한 다양한 자료를 직접 확보할 수 있다는 점도 큰 장점이다.

***

기자단 활동에서 역량교육과 팸투어는 반드시 경험해야 할 핵심 활동이다. 각각 목적과 방식은 다르지만, 모두 '좋은 콘텐츠 제작'이라는 같은 목표를 향해 나아가는 중요한 과정이다.

두 활동은 각기 다른 방식으로 기자단의 역량을 키우지만, 서로 긴밀히 연계되어 있다. 교육을 통해 배운 팁이나 취재 노하우는 팸투어 현장에서 자연스럽게 실전에 적용되며, 반대로 현장에서 얻은 감각적 경험은 교육 내용을 더욱 풍부하게 체화하는 데 도움이 된다. "강의에서 들었던 '호감 가는 첫 문장' 팁으로 기사 도입부가 완전히 달라졌어요" 또는 "현장에 가서 느꼈던 냄새, 소리, 사람들의 표정 하나하나가 제 기사에 다 담겼어요"라는 실제 기자단의 소감처럼, 역량교육은 '기자단의 내면'을 단단하게 키우고, 팸투어는 '현장의 느낌'을 감각적으로 체득하게 한다.

   역량교육과 팸투어는 좋은 콘텐츠를 만들어 내기 위한 '두 갈래 길'과도 같다. 기자단이라면 이러한 기회를 결코 놓쳐서는 안 될 이유다.

4장

해단식, 1년을 마무리하는 시간

"작가님, 다음 달에 해단식이 열린다는데요?"
"드디어 기자단 활동을 마무리하는 시간이 왔군요."
"그냥 수료증만 받는 거라 굳이 참석할 필요가 없다고 하던데요, 아닌가요?"
"누가 그래요?"
"주변 친구들이요."
"노우! 해단식은 그렇게 단순한 행사가 아니에요."

기자단 활동은 단순히 콘텐츠 몇 건을 작성하고 마치는 일이 아니다. '발대식-기자단 활동-해단식'이라는 하나의 사이클을 통해 기자는 성장과 경험, 성과를 쌓아 가는 주체적인 활동가로 발전한다. 이 중에서도 '해단식'은 그간의 활동을 정리하고, 기자로서 자부심을 확인하는 상징적이고 실질적인 종착점이다. 필자가 경험한 로봇개발청 사례를 보자.

로봇개발청(이하 로봇청이라 한다)은 지난 1월 본청 회의실에서 '국민기자단 해단식'을 개최했다.
로봇청 기자단은 작년 2월부터 12월까지 국가 정책 및 자료를 활용하여 다양한 기사를 작성했으며, 공식 블로그를 통해 주요 사업과 기관을 알리는 데 앞장서 왔다.
로봇청장은 해단식에서 기자단의 성과를 돌아보는 시간을 가진 후 수료증과 우수 기자 표창장(3명)을 수여하고 기자단과 이야기를 나누며 그간의 활동을 정리했다.

로봇청장은 기자단 덕분에 국민에게 로봇산업을 더 쉽게 전달할 수 있었다며, 앞으로도 로봇청 사업과 정책에 관심을 기울여 주길 바란다고 기자단을 격려하였다.

로봇청은 국가 로봇정책 및 주요 사업을, 기자단을 통해 국민에게 친근하고 효과적으로 알리고 있다.

해단식은 마침표가 아니라 '쉼표'다. 기자단 활동은 끝나지만, 해단식은 더 깊은 활동의 시작점이 되기도 한다. 실제로 해단식 이후 기관의 특별기획 취재, 정책캠페인 서포터즈, 명예 기자단 등으로 재위촉되는 경우도 적지 않다.

또한 기자 개인에게도 '내가 한 해 동안 무엇을 했는가', '어떤 변화를 끌어냈는가', '다음 활동은 어떤 방향으로 발전시킬 것인가' 등등 자신을 돌아보는 기회이자, 국민기자로서의 정체성을 더욱 확고히 다지는 자리로서 의미를 지닌다.

그러니 해단식을 단순한 '종료 행사'로 보지 말자. 그 자리는 바로 기자로서 당신이 하나의 여정을 완성했음을 자신에게 증명하는 자리이기 때문이다.

해단식은 성과의 확인, 신뢰의 재확인, 미래 활동의 연결이라는 3가지 의미를 함께 담고 있다.

성과의 확인

해단식은 '기록을 성과로 바꾸는 시간'이다. 기자단 활동을 해 본 사람이라면 공감할 것이다. 처음에는 호기심으로 시작했던 일이, 시간이 지나며 책임과 목표 의식으로 바뀐다. 그렇게 한 달, 두 달… 1년 가까운 시간 동안 작성한 콘텐츠들은 누적되어 숫자와 자료로 쌓인다.

해단식에서는 △ 총 콘텐츠 작성 건수 △ 기관 공식 SNS 게시물 채택률 △ 콘텐츠별 조회수 및 반응 등 수치와 자료를 기반으로 기자의 실질적인 활동 성과를 종합적으로 공유한다.

단순히 양적 통계만이 아니다. △ 콘텐츠의 주제 다양성 △ 독창적 접근 방식 △ 실제 기관 홍보 효과 등의 질적 기여도까지 고려한 평가는 기자단 개인의 역량을 재발견하는 계기가 된다.

이처럼 해단식은 '기자'라는 정체성을 확인하는 시간이다. 기자단은 행정기관과 국민을 연결하는 소통의 다리다. 그만큼 기자 한 명, 한 명은 지난 1년간 단순한 홍보가 아닌 '성과의 주체'로 활동해 왔음을 해단식을 통해 확인할 수 있다.

신뢰의 재확인

해단식에서는 행정기관과 기자단이 한자리에 모여, 서로의 노고를 인정하고 감사를 표현한다. 기관장은 직접 기자단의 성과를 소개하고 수료증을 수여한다. 우수 기자를 선정해 표창을 수여하고, 향후 활동 제안이나 협력 의사를 밝히기도 한다. 기자들은 자신이 만든 콘텐츠의 의미를 다시 되새기며 스스로 성장을 실감한다.

해단식은 단순한 이벤트가 아니라 기자 스스로가 자신의 '목소리'가 기관과 사회에 영향을 주었다는 것을 공식적으로 확인받는 신뢰의 시간이다. 그리고 이는 기자 개인의 자긍심을 심어 줄 뿐 아니라, 다음 활동에 대한 의지와 책임감으로 이어진다.

미래 활동의 연결

해단식은 전국의 기자들이 마지막을 함께하는 시간이다. 하지만 새로운 시작을 도모하는 순간이 되기도 한다. 해단식은 '네트워킹과 기회의 공간'이 될 수 있다. 해단식에서만 경험할 수 있는 것들을 정리해 봤다.

- 다양한 배경과 경험을 가진 기자들과의 교류
- 현장에서 생생한 기사 노하우 공유
- 기관 담당자들과의 직접 소통
- 차기 활동에 대한 제안이나 기회 포착

해단식의 공식 순서가 끝난 이후, 이어지는 자유로운 네트워킹 시간은 다음 활동으로 연결되는 마중물이 되기도 한다. 행사장에서의 대화와 인연은 다음 활동 지원 시 '기획 동료' 또는 '협업 파트너'로 이어질 수 있다.

5부

생생 조언!
7가지 TIP

01. 글쓰기에 왕도는 없다
02. 누구나 겪는 소재 고갈, 3가지 극복 방법
03. 국민의 눈높이에 맞춘 7가지 전략
04. 너무나도 중요한 저작권
05. 기자단 활동이 주는 이점
06. 소통이 핵심이다
07. 다시 생각하는 국민기자

01. 글쓰기에 왕도는 없다

기자 활동의 가장 기본은 글쓰기이다. 글은 크게 2가지로 구분할 수 있다. 문학적인 글과 비문학적인 글이다. 문학적인 글은 예술적인 요소와 상상력을 표현하는 데 초점을 둔다. 주로 주제, 캐릭터, 설정 등을 통해 인간의 복잡한 감정, 사회적 문제, 인생의 의미 등 깊은 내용을 다룬다. 장르에 따라 소설, 시, 극 등 다양한 형태로 나타난다. 아름다운 문장, 비유와 은유, 음악적인 리듬, 상징적인 이미지 등을 사용하여 독자의 감정과 상상력을 자극하고 깊은 인상을 남기는 것을 목표로 한다.

반면에 비문학적인 글은 주로 정보를 전달하거나 설명하는 데 중점을 둔다. 뉴스 기사, 학술 논문, 기술 문서, 비즈니스 보고서 등과 같은 형태로 표현된다. 그래서 비문학적인 글은 명확하고 객관적인 표현을 사용하여 사실성과 논리성을 강조한다. 글의 목적은 주로 독자에게 정보를 전달하고 설명하는 것이며, 감정적인 표현보다는 분석적인 내용에 집중한다.

결국 문학적인 글은 예술적인 표현과 상상력으로 독자의 감정과 호기심을 자극해 깊은 인상을 주는 반면, 비문학적인 글은 정보를 명확하고 객관적으로 전달하고 설명하는 것을 주된 목적으로 한다. 이런 기준으로 볼 때 기자단의 콘텐츠는 비문학적인 글에 해당한다.

"글쓰기 소질이 없으면 기사 작성하는 것도, 큰 부담일 것 같은데요."
"그렇게들 많이 생각하죠."
"작가님은 기사를 작성하는 데 좀 수월하지 않나요? 글을 쓰는 게 직업이잖아요?"
"글에 상대적으로 더 익숙하다 뿐이지, 마찬가지예요."
"도움 될 만한 노하우가 없을까요?"
"작가라고 해서 무슨 특별한 비법은 없어요."
"초보자에게 가장 필요한 거라도?"
"우선 글을 쓰는 순서를 알면 도움이 되죠."

어떤 글쓰기든 정답은 없다. 다만 문학적인 글은 재능이 있어야 하지만 비문학적인 글은 누구든지 노력하면 된다. 기사 콘텐츠도 마찬가지다. 많이 읽고 많이 쓰는 게 비법이라면 비법이다.

다만 일반적으로 통용되는 몇 가지 사항은 정리할 수가 있다. 이를 참고해서 자기의 것으로 만들어 나가는 수밖에 없다. 먼저 기사를 쓰는 순서다. 여러 견해가 있지만 텍스트 기사를 작성하는 절차는 다음과 같이 5단계로 정리할 수 있다.

1단계 메시지를 정한다.

정책 기사의 메시지는 이미 정해져 있다. 즉 해당 기관의 정책과 사업을 널리 많은 사람에게 알리는 것이다. 따라서 이 단계에서 고민할 필요는 전혀 없다.

2단계 소재를 찾는다.

다섯 단계 중에서 가장 힘들고 고민이 많은 순간이다. 여기서 방향을 잘못 잡게 되면 남은 단계에서도 불필요한 시간이 상당히 소모된다. 참고 자료나 문헌도 이 시점에서 정리가 되어야 한다.

3단계 구성 방식을 결정한다.

대체로 3단 구성으로 이루어진다. '서론-본론-결론'으로 이어지는 이야기 전개가 가장 일반적이다. 물론 문답식으로도 가능하다.

4단계 기사를 작성한다.

물리적인 시간이 필요한 과정이다. 주제에 따라서는 생각보다 시간이 많이 소요된다. 운영사무국과 국민기자 사이의 다양한 의견과 주장이 오가는 단계다.

5단계 최종 마무리한다.

피드백을 거쳐 최종적으로 기사가 완성된다.

"글을 쓰는 순서라는 게 있군요. 저는 그동안 막 써 왔는데요."

"대부분 사람이 다들 5단계를 거치는 게 일반적이에요. 다만 의식하지 못할 뿐이죠."

"3번째 단계인 3단 구성에 대해서 좀 더 설명해 주세요. 글쓰기와 가장 연관이 많은 부분인 것 같은데요."
"기사의 구성 방식인데요. 이 역시 사람들에게 가장 익숙한 형식이죠."

앞서 이야기한 것처럼 기사 콘텐츠의 전개 방식은 3단 구성을 주로 사용한다. 해당 기관에서 제시하는 기획서 양식 자체가 3단으로 마련된 사례도 많다. 단계별 주요 내용은 다음과 같다.

서론

글의 서두에 해당하는 서론에서는 제도나 정책, 행사의 추진 및 도입 배경을 설명한다. 그리고 주요 경과 및 진행 내용을 간략히 언급해 주면 바람직하다. 흔히 말하는 인트로(Intro) 부분인데 독자의 궁금증을 최대한 유도함으로써 기사에 대한 흥미를 유발할 수 있게 하면 더욱 좋다.

본론

주요 정책 내용을 본격적으로 설명하는 부분이다. 정책과 제도의 취지와 의의, 특징 등을 언급한다. 행사에 관한 기사라면 현장의 생생한 모습을 기록해서 전달해야 한다. 정책과 수반된 활동 프로그램이나 해당 정보를 국민의 눈높이에 맞게 서술하면 된다.

결론

정책이나 제도 활성화를 위한 해당 기관의 다짐과 약속을 표명한다. 또한, 국민의 관심과 참여, 응원을 바라는 메시지도 언급한다. 시리즈 기사라면 다음 회에서 만날 것을 약속하는 내용도 포함된다.

이처럼 기사를 작성하는 순서와 구성 형식만 알아도 거의 반은 끝난 것과 마찬가지다.

02. 누구나 겪는 소재 고갈, 3가지 극복 방법

소재 고갈은 기자단 활동을 하게 되면 누구나 맞닥뜨리는 장벽이다. 때로는 자기만의 방식으로 극복하지만, 막상 부닥치면 모두가 힘들어한다. 소재 고갈을 해결하는 3가지 방법을 소개해 본다.

기존 콘텐츠를 참고하자

각 기관의 공식 SNS에는 수년에 걸쳐 발행된 기존 자료들이 등록되어 있다. 이들 콘텐츠는 검증이 완료된 작품들이다. 앞서 설명한 여러 절차와 단계를 거쳐 운영사무국의 피드백을 통과한 양질의 콘텐츠들만 모여 있는 곳이다. 선배 기자들의 피와 땀이 녹아 있는 성과물의 집합체다.

따라서 글쓰기가 잘 풀리지 않을 때 참조할 수 있는 유용한 자료 창고다. 동시에 전체적인 소재의 유형이나 흐름도 살펴볼 수 있는 곳이기도 하다. 또한, 해당 행정기관의 정기적인 주요 행사나 이벤트의 개최 시기도 확인할 수 있다. 왜냐하면 대부분 행사는 특별한 경우가 아니면 주기적으로 반복되는 경향이 크기 때문이다.

그래서 이보다 더 좋은 종합 도서관은 없다. 굳이 먼 곳에서 자료를 찾으려고 애쓰지 말자. 글쓰기가 막막할 때나 소재거리가 딱히 떠오르지 않을 땐 참고하자. 자신이 생각하지 못했던 아이디어나 영감을 얻을 수 있다.

재구성은 제2의 창작이다

행정기관의 기자단 운영은 상당히 오랜 기간 지속되고 있다. 대부분 십 년이 훨씬 넘는 경우가 흔하다. 이 말인즉슨 웬만한 정책은 이미 소개되었거나 다루어졌다고 보아도 무방하다는 뜻이다. 그 결과 해당 기관의 신규 정책 수립이나 기존 사업이 변경되지 않는 한 새로운 기사 내용을 발굴하기란 쉽지 않다.

정책 집행의 안정성과 연속성이라는 현대행정의 특성상 전혀 새로운 정책과 사업 추진도 갑자기 발생하지 않는다. 그리고 설령 있다손 하더라도 수십 명이 넘는 기자들의 숫자를 충족시킬 정도의 정책도 발표되기란 현실적으로 어렵다.

그러므로 기존 자료를 최대한 활용해야 한다. 이때 본인만의 독특한 시각과 아이디어로 기존의 콘텐츠를 재구성하는 스킬이 필요하다. 재구성은 제2의 창작이다.

"재구성이 창작이다, 라는 말이 쉽게 와닿지 않는데요?"

"어렵게 생각하지 마세요. 예를 하나 들어 볼까요."

"네!"

"전통적으로 블로그에 게재된 일반적인 콘텐츠 형식이 뭘까요?"

"기사죠."

"맞아요. 텍스트 형식의 기사죠."

"그런데요?"

"텍스트형 기사가 정책 전달이나 정보 제공의 다양성과 효과성을 위해 웹툰이나 동영상이라는 새로운 방식으로 재구성됐다고 말할 수 있지 않을까요?"

"오! 그럴 수도 있겠군요."

"텍스트형 기사 자체에서도 똑같이 적용할 수 있어요."

"어떻게요?"

"서술형을 문답형으로, 문답형을 서술형으로 바꾸는 거죠. 그러면 전혀 다른 콘텐츠로 재탄생되는 거잖아요."

"같은 내용이라 하더라도 글의 전개 형식을 본인의 관점으로 얼마든지 재구성할 수 있어야 한다, 이 말씀이군요."

"빙고! 바로 그거예요. 정보 전달의 다양성과 효과성을 위해서 꼭 필요해요."

"많은 사람이 이미 그렇게 하고 있지 않을까요?"

"맞아요. 다만 본인이 의식하지 못할 뿐이죠."

"작가님이 기관 블로그에 게재된 기존의 기사들을 꼼꼼히 챙겨보기를 강조한 것도 같은 맥락이군요."

"훌륭한 소스가 되는 곳이니까요."

재구성은 글쓰기 과정과 동등하게 창의적이고 중요한 역할을 한다. 기존의 내용을 수집하고 다시 구성해 새로운 작품을 창조해 내는 가치가 있다. 단순히 오류 수정이나 문장 개선에 그치는 것이 아니라, 원래의 의도와 목적을 이해하고 독자에게 손쉽게 전달하기 위한 수정과 보완의 재창조 작업이다.

글을 작성하거나 창작하는 과정에서는 철자, 문법, 문장 구조 등의 기술적인 요소와 함께 내용의 구성, 흐름, 강조 등의 측면도 함께 봐야 한다. 재구성은 이러한 요소들을 다듬고 조율하여 완성도 높은 작품을 재탄생시키는 수단이 될 수 있다.

관심 분야가 있으면 도움이 된다

국민기자로 활동할 경우, 1년 동안 수십 건에 가까운 콘텐츠를 제작해야 한다. 작은 숫자가 아니다. 우선 소재를 찾는 게 어렵다. 그리고 제출 일자도 금방 돌아온다. 일상에 지치거나 개인 일정에 쫓기다 보면 콘텐츠 제작은 상당한 부담으로 다가온다. 그래서 중도에 포기하는 사례가 발생한다.

또한 앞서 말한 것처럼, 재구성도 창작이기 때문에 쉬운 작업이 아니다. 이때 관심 분야가 있으면 적지 않은 도움이 된다. 즉 소재가 떨어져 창작의 고통에 빠져 있을 때 자신만의 전문 영역이 있으면 쉽게 탈출할 수 있다. 참고로 필자는 국방과 방산에 관심이 많다. 더 범위를 좁히자면 방산업체와 무기체계 분야다.

그래서 해당 분야와 직간접으로 관련된 글이 상당하다. 예를 들면 '날씨가 전쟁에 미치는 영향', '국방상용물자의 조달 정책', '나로호 참여 업체와 방산업체' 등이다.

자신이 주목하는 부문 또는 관심 분야를 정리해 두자. 만약에 관심 분야가 없다면 지금부터라도 만들자. 그리고 콘텐츠 제작에 적극 활용하자.

03. 국민의 눈높이에 맞춘 7가지 전략

"블로그에 등록되는 콘텐츠다 보니 상당히 애매한 점이 있는 것 같아요."
"그게 뭐죠?"
"유익한 정보를 제공하면서도 재미가 있어야 한다는 양면성이요?"
"정확한 지적이에요. 그 둘의 균형을 맞추는 것이 중요하죠."
"그런데 그게 말처럼 쉽지 않아요."
"왜죠?"
"작가님도 아시겠지만, 정책이라는 게 재미와는 거리가 있잖아요."
"그렇죠. 정보를 강조하면 흥미가 떨어지고, 재미를 앞세우면 본연의 취지가 무색해지죠."

유익함과 재미 가운데 하나를 선택해야 한다면, 행정기관의 콘텐츠는 당연히 유익함이 우선이다. 정책 정보는 공익적 성격을 갖기 때문이다. 그렇다고 해서 재미를 배제해야 한다는 뜻은 아니다. 오히려 '재미'는 유익함을 국민에게 더 효과적으로 전달하기 위한 가장 강력한 도구다. 흥미를 유발하지 못하면 클릭되지 않고, 읽히지 않으면 전달되지 않는다. 결국 아무리 유익한 정보라도 국민의 손에 닿지 못하면 무용지물이다.

따라서 기자에게는 정책과 사업 내용을 국민의 눈높이에 맞추어 재미라는 수단을 활용해 쉽게 전달하는 능력이 필요하다. 재미는 정보의 문을 여는 열쇠이고, 유익함은 그 정보에 머무르게 한다. 국민기자는 2가지 모두를 설계하는 콘텐츠 전략가다.

그래서 정책은 복잡하고 생소하지만, 기자가 다가서면 누구나 이해할 수 있는 콘텐츠가 된다. 그리고 '이해할 수 있는 정책'은 '참여하고 싶은 정책'으로 바뀐다. 국민이 정책을 '내 이야기'로 느끼게 하려면, 기자가 먼저 국민의 언어로 써야 한다. 이러한 능력을 개발하기 위한 핵심 전략 7가지를 정리했다.

제목으로 흥미를 유도하자

제목은 기사 전체의 관문이다. 유용하고 실질적인 메시지가 담기면서도, 국민의 호기심을 자극하는 단어를 활용해야 한다. 좋은 제목은 국민의 관심을 부른다.

예를 들어, '올해부터 달라지는 복지제도'보다는 〈진짜 도움 되는 올해 5가지 복지제도〉, 〈올해 가장 만족스러웠던 공공서비스 TOP3〉 등 '진짜', '최고', 'TOP' 등의 표현은 심리적 반응을 유도한다. 단, 과장보다는 내용의 신뢰가 기반이 되어야 한다. 제목을 선정할 때마다 "국민이라면 클릭하고 싶을까?"를 먼저 자문해 보자.

첫 문장에서 시선을 사로잡자

독자는 첫 문장에서 기사 전체를 읽을지 말지를 결정한다. 도입부에서 공감하지 못하면 뒤는 읽히지 않는다. 따라서 시작 문장은 반드시 국민의 시선에서 궁금증이나 공감대를 유발해야 한다.

예를 들어, "○○ 제도가 개편됐습니다"보다는 "하루라도 행정기관이 없다면 우리의 일상이 어떻게 변할까요?", "몰라서 못 받는 지원금, 여러분도 해당할 수 있습니다" 등의 질문형 문장이나 '~해 본 적 있나요?', '혹시 이런 경험 있으셨나요?'와 같은 도입은 읽는 이를 자연스럽게 기사 흐름에 끌어들인다.

기억되는 글은 단순한 글이다

글은 단순하게, 구조는 명확하게 하자. 복잡한 문장, 긴 문단, 전문용어의 연속은 독자를 피로하게 만든다. 정책 기사일수록 '단계적 서술'과 '간결한 문장'을 유지하는 게 중요하다. 간결하면서도 핵심은 반영되어야 한다. 다음 3가지를 기억하자.

- 왜 이 정책이 필요한가?
- 누가 혜택을 받는가?
- 어떻게 신청하고 언제부터 적용되는가?

이러한 구성은 독자의 이해를 돕고 정보 파악 속도를 높인다. 복잡한 정책일수록 더 단순하게 설명할 수 있는 감각이 필요하다.

관련 링크를 반드시 연결하자

콘텐츠의 목적은 단순히 정보를 전달하는 데 그치지 않는다. '국민이 실제로 확인하고 신청할 수 있도록 유도하는 것'이 핵심이다. 따라서 글의 말미는 관련 홈페이지 링크, 신청 페이지, 담당 기관 안내 등을 꼭 연결해야 한다. 또한 최근에는 QR코드 삽입을 통해 모바일 환경에서도 정보 접근성을 높이는 방식이 선호된다. 기사 끄트머리에 "자세한 내용은 정책통합포털(○○○.go.kr)을 확인하세요", "지금 확인하고 신청해 보세요!(QR코드)"와 같이 명확한 CTA(Call to Action) 문장을 함께 제공하는 것이 바람직하다.

사진은 콘텐츠의 얼굴이다

텍스트 위주의 정책 콘텐츠는 시각적으로 단조롭다. 긴 글 사이에 감각적이고 상징적인 사진이나 인포그래픽, 간단한 표 등을 넣는 것만으로도 완성도가 확연히 높아진다. 이미지는 '읽히지 않아도 보이는 콘텐츠'로 위력을 발휘한다. 가능하다면, 기자가 직접 촬영한 현장 사진이나 정책 활용 사례의 실제 장면을 넣는 것이 가장 좋다. 현장감은 신뢰감을 낳는다.

독자에게 질문하자

질문은 독자의 참여를 유도하는 가장 쉬운 방법이다. 마지막에 짧은 질문을 던지면, 독자의 생각을 자극하고 경험을 떠올리게 한다. 이는 해당 정책에 대한 감정적 연결고리를 형성하는 데 효과적이다. 예를 들어, "여러분이 경험해 본 최고의 행정 서비스는 무엇이었나요?", "이 제도, 여러분이라면 어떻게 활용하실 수 있을까요?"와 같은 질문은 콘텐츠 자체의 여운을 남기고, 기관에 대한 긍정적 인식을 강화하는 부수적 효과도 기대할 수 있다.

국민의 눈높이에 맞추자

모든 콘텐츠는 궁극적으로 '국민이 이해하고, 참여하게 만드는 것'이 목적이다. 어렵지 않아야 읽힌다. 따라서 어려운 행정 용어, 전문용어, 축약어는 될 수 있으면 사용하지 않거나, 괄호 해설을 함께 적어 쉽게 풀어 줘야 한다.

04. 너무나도 중요한 저작권

저작권은 저작물을 창작한 저자를 보호하기 위한 법적 권리이다. 해당 저작물을 무단으로 사용, 복제, 배포, 수정하는 것을 제한하고, 저작자의 권리와 창작물에 대한 소유권을 보호한다. 즉 저작권은 만든 사람의 수고와 열정을 정당한 가치로 지켜 주는 권리다.

이처럼 콘텐츠의 정당한 가치를 통해 활발한 창작 활동을 계속 이어 갈 수 있도록 유지하는 게 저작권의 취지이다.

따라서 기자는 콘텐츠 제작 시 이런 사항을 특히 주의해야 한다. 저작권을 잘 준수하면 굉장히 유용한 수단이지만 위반하게 되면 매우 피곤해지고 심할 경우 두려움으로 다가온다. 평상시에는 아무런 존재감이 없지만, 문제가 생기면 걷잡을 수 없는 소용돌이 속으로 휘말린다.

저작물의 공정한 이용을 도모함으로써 문화 및 관련 산업의 향상 발전에 이바지함을 목적으로 하는 게 바로 저작권이다. 저작권을 준수하지 않으면 상당한 처벌을 받게 된다는 사실도 기억해 두자.

"유일무이한 콘텐츠를 만들어 내기란 불가능한 일이죠."

"맞아요. 기존에 있던 저작물을 참고하거나 활용할 수밖에 없더라고요."

"하지만 타인의 저작물을 잘못 사용하게 되면 저작권 침해에 걸릴 수 있어 세심한 주의가 필요해요."

"작가님 말씀처럼 항상 조심은 하는데, 법이라 그런지 쉽게 와닿지 않아요."

"혹시 저작권 소멸 기간이 얼마인지 아세요?"

"저작권도 소멸 기간이 있나요?"

"있죠. 70년이에요. 그래서 저작물을 활용할 때 가장 안전한 방법은 70년이 지난 자료를 사용하면 아무런 문제가 없어요. 하하하."

"정말요! 그걸 언제 기다리죠?"

콘텐츠 제작 시 주의해야 할 저작권 관련 핵심 사항은 다음과 같이 정리할 수 있다.

단순한 사용 허락 문제가 아니다

이미지를 검색해서 사용하는 건 위험하다. 특히 '네이버 이미지'나 '구글 이미지' 검색 결과는 저작권이 보장되지 않는다. 출처를 표기한다고 해서 자동 면책되는 것도 아니다. 반드시 '상업적 사용 가능', '저작자 표시'가 명시된 무료 이미지 플랫폼을 활용하거나, 직접 촬영한 사진을 사용하는 것이 원칙이다.

인물 사진에는 초상권도 걸려 있다

가장 많이 놓치는 부분은 초상권 문제다. 길거리에서 시민의 모습을 담았다고 해도, 이를 콘텐츠로 활용하려면 당사자의 동의가 필수다. 특히 클로즈업 사진, 특정인의 얼굴이 뚜렷이 식별되는 경우, 민감한 장소(병원, 종교 시설 등)의 촬영은 더욱 엄격한 기준이 적용된다. 동의를 받지 못했다면 반드시 모자이크 처리를 해야 하며, 인터뷰나 촬영 요청 시에는 구두 동의보다 서면 동의 또는 영상 기록이 바람직하다. 다음은 잊지 말아야 할 몇 가지 사항이다.

- 모임이나 행사에서 단체 사진을 찍는 경우도, 동의 여부 확인
- 미성년자는 반드시 보호자의 동의 필요
- 거리공연, 노점, 차량, 건물 외관 등도 상표권·영업방해 문제로 이어질 수 있음

영상과 음악, '배경음악'도 저작권 대상이다

기자단 활동 중 촬영한 영상에 분위기를 더하기 위해 음악을 삽입하는 경우가 많다. 그러나 시중 음원을 배경으로 삽입하는 것은 원칙적으로 불법이다. 유튜브에서 무료 배경음악으로 소개된 곡이라 해도, 사용 조건(상업적 사용 여부, 저작자 표기 등)을 반드시 확인해야 한다.

자료 인용, '출처 표기'만으로는 충분치 않다

기사에 통계나 보고서를 인용할 때도, '출처 표기'는 기본이지만, 기관이나 원저작자의 사전 승인이 필요한 자료도 존재한다. 일부 연구기관, 사설 통계기관 등은 콘텐츠 활용 범위를 제한하고 있으므로, 원본 자료에 대한 사용 조건을 반드시 확인해야 한다.

표, 그래프, 이미지 등 시각 자료의 경우는 인용보다 '재가공' 형태로 변환하는 것이 안전하다.

판단이 불확실할 땐 반드시 확인하자

현장에서 콘텐츠를 제작하다 보면, 애매하거나 즉석에서 판단하기 어려운 상황이 생긴다. 이럴 땐 임의로 결정하지 말고 반드시 운영사무국 또는 대변인실에 확인해야 한다. 사소해 보이는 장면 하나가 나중에는 법적 분쟁의 원인이 될 수 있다. "괜찮겠지"라는 판단은 금물이다.

저작권 교육은 '선택'이 아니라 '기본'

콘텐츠의 품질은 기자의 창의성에서 나오지만, 콘텐츠의 안정성은 기자의 법적 이해에서 시작된다. 기자단 발대식이나 역량교육에서 저작권 교육을 반드시 포함하는 이유가 여기에 있다.

***

기자단 활동은 사진, 영상, 글 등 다양한 창작물이 결합하는 종합 콘텐츠 작업이다. 이 과정에서 무심코 사용한 한 장의 이미지, 촬영한 인물의 얼굴, 화면에 잡힌 상호명 하나가 법적 분쟁의 씨앗이 될 수 있다.

최근 저작권에 대한 사회적 인식이 높아지면서, 공공기관들도 저작권 교육을 강화하는 추세이다. 간혹 "기사는 내가 쓰는데, 뭐가 문제냐"는 생각을 할 수 있지만, 콘텐츠는 '게시'되는 순간부터 기자 개인이 아닌 '기관'의 이름으로 유통된다. 책임의 무게가 달라지는 지점이다.

기자단은 단순한 참여 활동이 아니라, 공공성을 띠는 콘텐츠 제작의 주체다. 한 편의 기사가 몇천 명, 때로는 수만 명에게 노출되는 시대다. 그만큼 법적 책임의 무게도 무겁다는 사실을 인식하자.

05. 기자단 활동이 주는 이점

"작가님! 기자단으로 활동하면서 얻게 되는 이점은 어떤 것이 있을까요?"

"지원 동기에 따라서 다 다르지 않겠어요? K는 어때요?"

"저는 대외활동 경험 차원에서 시작했잖아요?"

"그래서 활동해 보니 경력 관리에 보탬이 된 것 같아요?"

"네, 개인적으로 상당히 만족해요."

"어떤 면에서요?"

"평소 관심 있던 행정기관에 대해서 좀 더 많이 알게 되었거든요."

"예전보다 더?"

"그렇죠. 전에는 기사나 자료를 통해 피상적으로 알았다면 기자단을 통해 실제 현장을 접할 수 있어서 적지 않은 도움이 되었어요."

"아주 훌륭한데요."

기자단 활동은 간단한 활동이 아니다. 행정기관의 콘텐츠를 제작한다는 것은, 공공의 이익과 연결되는 소통의 일원으로 참여하는 의미를 지닌다. 특히 여러 현장에서 다양한 사람을 만나고, 각종 정책 이슈를 취재하며 얻게 되는 '경험'은 단순히 기록으로 남지 않는다. 그것은 곧 자신의 관점을 확장하고, 삶을 바라보는 프레임을 넓혀 주는 자산이 된다.

기자단 활동을 하며 얻게 되는 또 다른 자산은 '훈련된 시선'이다. 기자는 끊임없이 소재를 탐색해야 하기에 자연스럽게 관찰력이 길러진다. 일상에서도 사소한 현상 하나, 포스터 한 장, 지역 행사 하나도 기삿거리로 보게 된다. 마치 현미경처럼 정책의 숨은 맥락을 포착하는 능력이 쌓이게 된다.

그래서 기자단 참여는 단지 콘텐츠 한두 편을 제작하는 수준에 멈추지 않는다. 행정기관과 연결된 정책 콘텐츠를 기획하고 현장을 취재하며, 글을 쓰고 사진을 담고, 때로는 인터뷰와 자료조사를 병행하는 고도의 창의적 과정이다. 이러한 경험은 기자 개인의 자산으로 축적된다.

***

기자단 활동을 통해 얻게 되는 이점은 나이와 직업, 관심사에 따라 모두 다르게 나타난다. 대학생뿐 아니라 직장인, 프리랜서, 중장년층 등 다양한 세대와 배경의 참여자들이 제각기 삶의 맥락 속에서 의미 있는 결과를 얻는다.

청년에게는 미래 설계를 위한 실전 경험

청년층에게 기자단 활동은 취업 준비와 진로 탐색의 현실적인 계기다. 행정기관의 정책 흐름을 이해하며, 다양한 콘텐츠를 직접 제작해 봄으로써 기획력, 제작 능력, 정보 수집 및 분석력 등 실무 역량을 키울 수 있다. 또한 기사 작성을 통해 논리적 사고를 확장하고, 사회현상에 대한 시각을 넓히게 된다. 일부 기자는 이러한 경험을 토대로 행정인턴, 홍보 대외활동, 정책 참여 프로그램 등으로 진출하며 실질적인 커리어 경로를 확장하기도 한다.

직장인에게는 시야 확장과 자기 성장의 기회

현업에 종사하는 직장인에게 기자단 활동은 일상의 루틴을 넘어서는 자기 성장의 통로다. 특히 기존 업무와 다른 영역의 정책이나 사회현상을 접하면서 새로운 시야를 확보할 수 있다. 그리고 정기적인 콘텐츠 제작은 자기표현 능력과 스토리텔링 역량을 높이는 데 도움을 준다. 업무와 병행해야 한다는 점에서 쉽지만은 않지만, 그만큼 보람된 성취감도 함께 따라온다.

프리랜서에게는 새로운 브랜딩과 시장 확장의 기회

프리랜서에게 기자단은 활동 기반을 넓히는 수단이 된다. 기자단 콘텐츠는 포트폴리오로 활용될 수 있으며, 대외활동 인증서와 수료증은 신뢰도 있는 이력으로 작용한다. 또한 기자단은 다양한 기관과의 접점을 형성할 수 있어 관련 프로젝트나 프리랜서 일거리의 기회로 이어지기도 한다. 특히 글쓰기, 영상 촬영, 사진 등 콘텐츠 제작 역량이 뛰어난 프리랜서에게는 유리한 무대가 될 수 있다.

중장년층에게는 사회 참여의 활력과 자긍심

경력 단절이나 은퇴 후 새로운 역할을 찾고자 하는 중장년층에게도 기자단 활동은 의미 있는 기회다. 젊은 세대와 어깨를 나란히 하며 콘텐츠를 제작하고, 기관의 정책과 현장을 전달하며, 자신의 인생 경험을 콘텐츠에 녹여 전달할 수 있다. 이러한 활동은 자존감 회복과 사회 소속감을 증진하는 데 큰 역할을 하는데, 실제로 현장에서 왕성한 활동을 벌이는 중장년층이 적지 않다. 각자의 경험들은 단기적인 성과를 넘어 장기적인 영향력을 발휘한다. 예를 들어 블로그에 쌓인 콘텐츠는 훗날 포트폴리오가 되고, 전문성 있는 글쓰기와 기획력은 향후 커리어 전환 시 강력한 무기가 된다.

***

기자단 활동은 콘텐츠를 만드는 일이지만, 그 과정을 통해 자신을 새롭게 다듬는 일이기도 하다. 자신의 성장을 기록하고, 정책 현장을 통해 사회를 들여다보며, 궁극적으로는 사람과 사람을 잇는 콘텐츠를 완성해 가는 여정이다. 이처럼 진심과 노력으로 쌓은 경험은 시간이 지나도 쉽게 사라지지 않는다.

　기자단 활동이 단지 기자에게만 유익한 것은 아니다. 행정기관으로서도 기자단은 중요한 자산이다. 그들이 발굴한 콘텐츠는 곧 공공 소통의 한 축이 되고, 국민에게 필요한 정보를 효과적으로 전달하는 다리 역할을 한다. 특히 기존 언론의 취재가 미치지 못하는 정책 현장이나 사회복지, 환경, 과학기술, 안전, 문화 분야의 이야기들을 기자가 직접 발굴함으로써 공공 정보의 사각지대를 줄여 준다.

　이러한 활동은 결국 정책의 신뢰를 확산하는 긍정적인 효과로 이어진다. 국민과 행정의 간극을 줄이고, 수용자 중심의 정책 소통을 실현함으로써 참여 민주주의의 가치를 확장해 나간다. 또한 다양한 연령층과 배경을 가진 기자들이 모여 있는 만큼, 정책에 대한 여러 시각과 의견을 수렴할 수 있는 통로가 된다.

　콘텐츠를 통해 국민에게 다가가고, 기관과 함께 일한다는 사명감, 그리고 스스로 성장하겠다는 다짐이 국민기자단 활동을 성공적으로 마무리하게 하는 주요한 동력이다.

06. 소통이 핵심이다

　국민기자단의 운영 구조는 크게 2단계(대변인실 - 기자), 또는 3단계(대변인실 - 운영사무국 - 기자)로 나뉜다. 대변인실 또는 운영사무국은 신문사의 데스크 역할을 담당하며, 콘텐츠의 기획 방향부터 최종 게시 여부까지 모든 것을 관장한다. 양자가 모두 장단점이 존재하지만, 어느 구조든 핵심은 '역할 분담을 어떻게 하느냐'가 아니라, '소통이 얼마나 유기적으로 작동하느냐'이다. 구조는 방법일 뿐, 문제는 그 안에서 얼마나 신뢰 있게 소통이 이루어지느냐에 달려 있다.

　기자는 국민과 정책 사이의 번역자이며, 데스크는 그 번역이 정확하게 도달할 수 있도록 조정하는 조율자다. 기자는 콘텐츠를 통해 국민과 기관을 연결하고, 데스크는 그 콘텐츠를 공공 플랫폼이라는 무대에 안전하게 올리는 감독자다. 이처럼 기자와 데스크는 서로에게 가장 중요한 협업자다. 모든 콘텐츠는 단독으로 완성되지 않는다. 서로의 역할을 이해하고, 협력하는 태도야말로 가장 완성도 높은 콘텐츠의 출발점이다.

서로에 대한 신뢰가 있다면, 기획안의 방향 수정은 '방해'가 아니라 '조율'이 되고, 기사 일부의 삭제는 '간섭'이 아니라 '완성'이 되며, 추가적인 요청은 '귀찮은 일이 아니라 '공동의 책임'이 된다. 그래서 기자단은 콘텐츠를 만드는 집단이자 소통을 실천하는 공동체다. 그 중심에 바로 신뢰 기반의 피드백과 성숙한 대화가 있다.

기자단은 단순히 콘텐츠를 생산하는 조직이 아니다. 콘텐츠를 통해 세상과 소통하고, 서로의 언어를 공유하며, 신뢰를 바탕으로 협력하는 공동체다. 기자가 없다면 데스크도 없고, 데스크가 없다면 기자의 콘텐츠도 무대에 설 수 없다. 어느 한쪽만의 목소리가 아닌, 둘 사이의 조율과 이해가 콘텐츠를 완성한다.

소통은 시스템이 아니라 문화이며, 피드백은 통제가 아니라 신뢰다. 기자단이 진정한 공동체가 되려면, 그 중심에 언제나 '대화'와 '존중'이 있어야 한다.

***

그렇다면 어떻게 소통을 활성화해야 할까? 여기에는 몇 가지 원칙과 실천이 필요하다.

기획부터 함께하는 '공감의 설계'
기획은 운영사무국의 일방적인 지시가 아니라, 기자와의 공감대를 바탕으로 시작되어야 한다. 콘텐츠의 방향성이나 의도를 기자가 납득할 수 있어야 참여의식과 책임감으로 이어진다. 브리핑 자료나 설명회를 통해 기자들과 방향을 공유하고, 주요 콘텐츠 테마를 함께 만들어가는 구조를 마련하는 게 바람직하다.

기자 역시 마찬가지다. 자신이 만든 기획안을 정책의 핵심과 본질을 충분히 이해하지 못한 상태에서 제출한다면, 그 결과물 역시 겉도는 콘텐츠로 흐를 수밖에 없다. 기관의 메시지를 충분히 이해하고, 독자의 눈높이를 고려하여 주제를 재구성하려는 노력을 기울여야 한다. 자신이 만든 콘텐츠가 사회적 맥락에 어떤 기여를 하는지 고민하는 자세가 콘텐츠의 깊이를 결정한다.

'지적'이 아닌 '제안'으로 이루어지는 피드백

데스크의 피드백은 콘텐츠 품질을 위한 협력이지, 평가나 통제의 도구가 아니다. 콘텐츠 반려 시 단순히 "게재 불가"를 통보하는 방식보다는, "이 부분을 이렇게 바꾸면 더 좋아질 것 같습니다"라는 제안의 형태로 전달해야 한다. 이를 위해 피드백을 정형화한 '코멘트 양식' 또는 '코칭 템플릿'을 도입하는 것도 효과적이다. 예를 들어, △ 좋았던 점 △ 보완이 필요한 점 △ 다음에 적용이 가능한 제안 등으로 구분하여 전달하면 기자로서도 피드백의 방향을 명확히 이해할 수 있다. 피드백의 언어가 따뜻하면, 기자의 반응도 자발적이고 긍정적으로 변한다.

기자도 크게 다르지 않다. 저품질의 콘텐츠를 반복해 제출하면서 '무

조건 채택되기를 바라는 것'은 억지다. 좋은 콘텐츠는 지적을 피하는 것이 아니라, 지적을 흡수하고 개선하는 과정을 통해 탄생한다. 피드백은 거절이 아니라 제안이며, 편집은 간섭이 아니라 조율이다.

기자는 피드백을 '기분의 문제'로 받아들이기보다는 '완성도의 관점'에서 이해할 수 있어야 한다. 그런 태도를 가진 기자는 성장 속도도 빠르고, 콘텐츠의 품질도 눈에 띄게 향상된다. 결국 좋은 피드백은 데스크의 언어뿐 아니라, 기자의 태도가 함께 만들어 내는 공동의 결과다.

기자들 간의 '네트워크' 만들기

기자와 데스크의 관계만큼 중요한 것이 기자들 간의 교류다. 같은 기자단 소속이라는 이유만으로 유대감이 생기지 않는다. 협업을 통해 서로가 자유롭게 소통할 수 있는 공간을 만들고, 소재 공유, 기사 칭찬, 질문 게시판 등을 활성화한다면 기자단 전체의 소통 온도가 자연스럽게 올라간다. 또한 월 1회 온라인 교류회나 줌 토크를 통해 기자들이 각자의 취재 경험이나 콘텐츠 제작 과정을 공유하는 자리를 마련하면, 팀워크는 물론 콘텐츠에 대한 관점도 넓어질 수 있다.

'기사'만이 아닌 '기자'를 성장시키는 피드백

기자단 운영에서 종종 놓치는 부분이 있다. 바로 '기자 개인에 대한 피드백'이다. 콘텐츠는 좋지만, 기자가 본인의 성장을 체감하지 못하면 점차 동력이 떨어진다. 따라서 운영사무국은 콘텐츠 평가 외에도 기자의 활동 변화와 장점을 정기적으로 피드백하는 '활동 리포트'를 제공하는 것이 좋다. 예를 들어, △ 다양한 주제를 다루는 데 강점이 있다 △ 사진 구성이 돋보인다 △ 기획안의 방향성과 기관 메시지의 일치율이 높다 등과 같이 구체적으로 기자의 역량을 짚어 주는 방식이다. 기자 스스로 자신의 강점을 인식하고 발전시킬 수 있도록 돕는 것이 진정한 동반자적 소통이다.

기자단 운영 자체를 콘텐츠로 만들어 보기

기자단의 운영 구조와 소통 문화 자체를 콘텐츠로 소개하는 것도 하나의 방법이다. "기자가 된 이유", "우리의 피드백 문화", "기획안이 만들어지기까지" 같은 콘텐츠를 통해 외부에 기자단의 철학을 드러내는 것이다. 이러한 과정에서 기자들도 기관에 대한 자긍심을 느끼고, 기자단에 대한 이해도도 자연스럽게 고양된다.

07. 다시 생각하는 국민기자

　기자단으로 활동하는 것은 단순한 경험을 넘어, 공공의 언어를 배우고 '국민의 눈'으로 정책을 바라보는 과정이다. 그러기 위해선 겸손한 태도, 책임 있는 자세, 소통을 향한 열린 마음이 꼭 필요하다. '국민을 대표해 최선을 다하자'라는 말이 진정한 의미로 다가오는 순간, 당신은 이미 한 걸음 더 기자로서 성장한 셈이다. 다시 생각하는 국민기자! 꼭 기억해야 할 몇 가지 사항을 정리해 본다.

국민기자는 콘텐츠 제작자이자 행정 파트너다
　국민기자단은 기관의 정책을 이해하고, 국민에게 알기 쉽게 전달하는 '소통의 통로'다. 따라서 콘텐츠는 단순한 정보 전달이 아니라 신뢰를 담보로 한 공적 기록이다. 이런 맥락에서 보면 국민기자는 '참여하는 시민'이자 '행정의 외부 협력자'다. 콘텐츠는 일종의 정책 해설서이자, 국민에게 제공되는 또 하나의 행정 서비스이다. 따라서 '최선을 다하자'라는 말은 단순히 열심히 하라는 의미를 넘어, '공공성과 신뢰를 바탕으로 한 책임 있는 자세'를 갖추라는 뜻으로도 해석할 수 있다.

행사 참여는 선택이 아니라 기회의 확장

발대식, 해단식, 정책 투어, 간담회, 화보 촬영 등 오프라인 활동은 단순한 '참석' 이상의 가치를 갖는다. 기자단으로서 정체성을 확인하고, 활동의 맥락을 이해하며, 기관과 교감하는 기회이기 때문이다. 이들 프로그램은 형식적인 행사가 아니라, 자신의 활동을 공유하고 성장을 확인하는 자리다. 특히 동료들과 함께하는 다양한 자리들은 기자 활동에 상당한 동기부여가 된다. 행사 참여는 평가에도 긍정적인 영향을 준다. 하지만 그것보다 더 중요한 건, 현장에 직접 참여함으로써 얻게 되는 '관점의 확장'과 '경험의 축적'이다. 이는 콘텐츠의 품질을 좌우하는 기반이 된다.

국민기자도 공적 책임감이 있다

기자단에게는 '책임의식'이란 게 있다. 이는 행정기관이 갖는 공적인 특성 때문이다. 우선 본인이 생산한 콘텐츠에 대한 책임감과 자긍심을 가져야 한다. 또한 취재 과정에서 예의에 어긋난 행동이나 상식에서 벗어나는 태도로 기자단 전체의 품위를 떨어뜨려서는 곤란하다. 아울러 무책임하고 부적절한 행위로 해당 기관의 브랜드나 인지도에 부정적인 영향을 끼쳐서는 안 된다. 이게 바로 기자의 책임의식이다. 이는 기자단이 지켜야 할 중요한 기준이다. 기자단의 행동 하나, 말 한마디가 해당 기관의 이미지에 영향을 줄 수 있다. 취재 과정 중에 주의해야 할 몇 가지 사항을 살펴보자.

- 취재 활동 중에는 단정한 언행과 품위를 유지한다.
- 취재 전에 반드시 사전 협조를 구하고, 동의를 받는다.
- 정해진 취재 범위(포토라인)를 벗어나지 않도록 한다.
- 취재원을 압박하거나 과도한 편의를 요구하지 않는다.
- 현장에서는 기자단 전체의 이미지를 훼손하지 않도록 유의한다.

이들 사항은 국민기자라는 역할을 담당하기 위한 최소한의 행동지침이다. 본인의 작은 실수가 전체 기자단의 신뢰를 흔들 수 있다는 점을 항상 기억해야 한다.

태도는 결과를 만든다

국민기자는 결과물로 평가받는다. 하지만 그 결과를 만드는 건 항상 '태도'다. 진지하게 임하고, 끊임없이 배우고, 무엇보다 소통을 잊지 않는 자세가 좋은 콘텐츠를 만든다.

기자는 콘텐츠를 통해 국민과 기관을 연결하는 중간자이며, 행정 현장을 기록하는 기록자다. 그렇기에 가장 중요한 것은 태도다. '글을 잘 써야 한다'보다 '정확히 이해하고 진심으로 전달하려는 마음'이 먼저다. 모든 시작은 마음에서 비롯되며, 모든 결과는 그 태도에서 완성된다.

매월 정해진 기한에 맞춰 기사를 작성하고, 콘텐츠를 등록하는 것도 필요하지만, 그보다 더 중요한 건 '국민을 대표하는 기자'라는 자각이다.

***

주기적으로 콘텐츠를 만들고, 현장을 방문해 사람을 만나며 이야기를 듣는 일은 말처럼 쉽지만은 않다. 때로는 주제를 찾기 어렵고, 계획이 어긋나기도 한다. 하지만 그만큼 다양한 것을 보고, 듣고, 체험할 기회를 얻게 된다.

국민기자단 참여는 세상을 바라보는 시야를 넓히고 자신을 성장시키는 특별한 여정이 된다. 낯선 현장에서의 취재, 낯익은 일상의 재발견, 사람들과 따뜻한 소통은 기자단 활동에서만 느낄 수 있는 소중한 자산이다.

활동을 마무리하며 수료증을 받는 순간, 누구나 스스로가 한층 더 성숙해졌음을 느낄 것이다. 기자단 도전을 준비 중인 이 세상 모든 K에게 응원의 박수를 보낸다. 아울러 기자단 활동이 모두에게 좋은 경험으로 기억되기를 기대한다.

에필로그

　기자단의 운영 방식은 정해진 정답이 없다. 행정기관마다 조직의 특성, 정책 방향, 집행 예산, 담당자의 운영 철학 등에 따라 기자단을 구성하고 콘텐츠를 기획하는 방식이 조금씩 다르다. 그렇기에 국민기자에 관한 내용을 하나의 틀로 규정짓는 데에는 분명 한계가 있다.
　그런데도 《K, 대외활동 국민기자 천재가 되다》에서는 여러 행정기관의 사례를 참고해 기자단의 공통된 흐름과 실질적인 활동 사례를 최대한 정리하고자 노력했다. 독자들은 이 책을 통해 국민기자라는 활동을 전체적으로 이해하는 데 큰 어려움은 없을 것이다. 다만, 구체적인 운영 방식이나 일정, 콘텐츠 제출 요건 등 세부적인 내용은 해당 기관에 직접 문의하거나 홈페이지를 방문해 확인하는 것이 가장 정확하다는 점을 강조하고 싶다. 이 책은 어디까지나 참고를 위한 길잡이이자 안내서로 활용해 주시길 바란다.
　집필을 마무리하면서 몇 가지 아쉬움이 남는다. 담고 싶은 내용은 많았지만, 현실적인 분량과 구성의 제약으로 인해 실천 사례까지 충분히 풀어내지 못한 점은 여전히 아쉽다.
　특히, 글의 전개는 필자의 실제 경험과 전문 분야를 바탕으로 주로 텍스트 중심의 활동에 초점을 맞춰 서술했다. 이는 설명의 깊이와 정확도를 높이기 위한 선택이기도 했다. 다만 영상이나 웹툰, 카드뉴스 등의 콘텐츠 분야도 기자단에서 활발히 운용되고 있으며, 기본적인 활동 원리와 흐름은 텍스트 분야와 크게 다르지 않다는 점을 함께 이해해 주셨으면 한다.

또한 설명의 대부분을 중앙행정기관 중심으로 구성하다 보니, 지자체 기자단의 활동 특성과 사례를 상대적으로 충분히 담지 못했다. 중앙부처가 정책 중심 콘텐츠에 집중한다면, 지자체는 지역 주민의 생활과 밀접한 문화·관광·축제·맛집 등의 생활형 콘텐츠가 주류를 이룬다. 지자체 콘텐츠는 더욱 친근하고 지역색이 강한 만큼, 또 다른 형태의 기자 활동으로서 그만의 매력을 내포하고 있다. 기회가 된다면 지자체 기자단에 관한 이야기를 별도의 책으로 풀어 볼 계획이다.

《K, 대외활동 국민기자 천재가 되다》는 필자의 실제 취재 경험과 동료 기자들의 다양한 이야기를 토대로 집필했다. 여기에 약간의 상상력과 창의적 해석을 덧붙여, 생생한 현장의 모습과 활동의 깊이를 독자에게 전달하고자 했다.

국민기자는 결코 '블로그를 잘 운영하는 사람'이나 '콘텐츠 제작에 능숙한 사람'에 머물지 않는다. 기자의 글은 문학처럼 서정적일 필요도 없고, 보도기사처럼 냉정하게 구조화되어야만 하는 것도 아니다. 다만, 국민과 행정의 연결고리로서, 정책을 이해하고 이를 쉽게 풀어내는 능력, 그리고 이를 진정성 있게 전달하는 마음이 중요하다.

콘텐츠를 잘 만들고 온라인 활동이 활발한 사람이라도 소통의 시선이 없다면 국민기자로서 오래가기 어렵다. 반대로, 조금 미숙하더라도 꾸준한 관심과 노력, 현장을 보는 자신만의 시각이 있다면 누구나 충분히 훌륭한 기자가 될 수 있다.

매년 연말쯤엔 전국의 행정기관들이 새해를 준비하며 국민기자단 모집을 시작한다. 만약 정책과 콘텐츠 제작에 관심이 있다면, 그리고 사회와 소통하는 활동에 흥미를 느낀다면 도전을 준비해 보자.

어쩌다 보니 주로 대학생과 관련된 책을 집필하게 된다. 이미 발간된 《K, 구매 천재가 되다》와 《K, 방산업체 천재가 되다》는 취업 진로와 연관된 내용을 다루었다. 반면에 이번에 출간된 《K, 대외활동 국민기자 천재가 되다》는 대학생을 포함해 직장인, 자영업자, 프리랜서, 주부 등 나이와 성별에 관계없이 모두와 관련된다. 독자층이 넓어진다는 점에서 작가로서 큰 의미가 있다고 자평한다.

따라서 각자의 위치에서 자신의 전공과 관심, 적성에 맞는 기자단을 잘 찾는다면 분명 의미 있는 경험과 성취를 얻을 수 있을 것이다. 이 책이 그런 선택의 순간에 작은 조언이자 영감을 주는 안내서가 되기를 바란다.

지금도 현장을 누비는 모든 국민기자와 더불어, 도전을 꿈꾸는 예비 기자들의 앞날에 따뜻한 응원의 마음을 담아 글을 마친다.

취재일지

2022년부터 국민기자단으로 활동하며 수많은 콘텐츠를 제작해 왔다. 특히 직접 발품을 팔며 현장에서 취재한 기사들은 더욱 선명하게 기억에 남는다. 서울에서 제주까지 전국 곳곳을 누비며 우여곡절도 많았지만, 그만큼 열정적으로 뛰어다녔다. 그 순간들은 특별한 경험이자 오래도록 간직하고 싶은 추억이기에, 그중 몇 편을 엄선해 소개하고자 한다. 자료는 행정기관 공식 블로그에 게재된 기사와 개인 블로그에 포스팅한 내용으로 나누어 정리했다.

기관 블로그

"모두가 즐거웠던 제27회 대한민국 과학축제, 개막식 현장 속으로", 《과학기술정보통신부 공식 블로그》, 2023년 5월 2일, 대전 엑스포시민광장

"'데이터 안심구역 활용 공동 경진대회' 설명회…참관 후기", 《과학기술정보통신부 공식 블로그》, 2023년 9월 20일, 충남대학교 중앙도서관

"세계스카우트잼버리대회에서 확인한 K-푸드의 인기! | 떡볶이 데이 & K-푸드 전시홍보관", 《농림축산식품부 공식 블로그》, 2023년 8월 11일, 전북 새만금

"제6회 국민과 함께하는 농식품 정책콘서트 현장으로",《농림축산식품부 공식 블로그》, 2023년 11월 13일, 정부세종컨벤션센터

"한국폴리텍대학, 캠퍼스(IV대학) 신중년 특화 과정…A to Z",《고용노동부 공식 블로그》, 2023년 5월 23일, 대전캠퍼스

"중장년을 위한 새로운 문화 쉼터, '청춘문화공간'이라고 들어보셨나요?",《고용노동부 공식 블로그》, 2023년 8월 8일, 충청지사 노사발전재단

"중소기업 사업주가 기억해야 할 4대 노동 상식(1) 근로감독관 인터뷰",《고용노동부 공식 블로그》, 2023년 10월 12일, 대전고용노동청

"저출산을 바라보는 MZ세대의 시각, 진단과 해법은 무엇? 정책토론회 참가 후기",《여성가족부 공식 블로그》, 2023년 5월 26일, 서울 국회의원회관

"7가지 Q&A로 알아보는 여성긴급전화1366 충북센터",《여성가족부 공식 블로그》, 2024년 6월 11일, 충북 청주

"제20회 대한민국청소년박람회, 찾아가는 상담센터 '청소년 마음건강 지킴이 버스'",《여성가족부 공식 블로그》, 2024년 6월 24일, 충남 천안 국립중앙청소년수련원

"세종시가족센터 온가족 수다방 다정다감…솔직한 인터뷰",《여성가족부 공식 블로그》, 2024년 11월 17일, 세종시

"공직사회에 새로운 활력, 2023 농구 동호인 대회 개최…레전드 3인방과 함께",《인사혁신처 공식 블로그》, 2023년 5월 22일, 정부세종청사

"민간이 주도하는 혁신성장 지원! '2022년 혁신제품 권역별 순회 전시회' 현장",《조달청 공식 블로그》, 2022년 8월 18일, 대전컨벤션센터

"국가·공공기관에서 인정받은 제품들이 모였다! '코리아 나라장터 엑스포 2023'",《조달청 공식 블로그》, 2023년 5월 2일, 경기 고양 킨텍스

"2022년 제19회 병역명문가 시상식 현장 취재",《병무청 공식 블로그》, 2022년 9월 16일, 서울 백범김구기념관

"2023년 입영대상 카투사 공개 선발⋯현장 참석 후기",《병무청 공식 블로그》, 2022년 11월 8일, 서울지방병무청

"공군 입영, 진주훈련소를 가다!⋯병무청 정보 활용 팁(TIP)",《병무청 공식 블로그》, 2023년 3월 27일, 경남 진주

"자원병역이행 모범병사 격려행사 동행 취재(1), 대전 '현충원'에서 무주 '태권도원'까지",《병무청 공식 블로그》, 2023년 9월 20일, 대전~무주

"현장의 목소리를 전달해요, 2024년 사회복무 소통단 출발!",《병무청 공식 블로그》, 2024년 4월 12일, 정부대전청사

"입영장정의 내일을 응원합니다! 현역병 입영문화제에서 '청춘예찬 콘서트'가 전한 위로와 희망",《병무청 공식 블로그》, 2025년 5월 29일, 충남 논산 육군훈련소

"기상관측차량·기상드론을 직접 보다! 2022년 세계 기상의 날 행사",《기상청 공식 블로그》, 2022년 4월 8일, 대전 국립중앙과학관

"탄소중립 보드게임 '기후행동 넷제로', 스위스 제네바 국제 발명품 전시회 은상 수상자, 심성보 연구사를 만나다!",《기상청 공식 블로그》,

2022년 7월 18일, 제주 국립기상과학원

개인 블로그

"세상을 움직일 스타트업 축제, COMEUP 2022···현장 방문기",《처음처럼》, 2022년 11월 9일, 서울 동대문디자인플라자(DDP)

"중앙과 지역 상생 프로젝트! 제1회 지역혁신대전···기념식 후기",《처음처럼》, 2023년 11월 12일, 대전컨벤션센터

"새로운 도전, 국민소통단 7기···발대식에 참석하다",《처음처럼》, 2023년 2월 2일, 충북 오송 질병관리청사

"질병관리청, 오송청사···견학 다녀왔어요!",《처음처럼》, 2023년 3월 25일, 충북 오송 질병관리청사